博報堂流

対話型授業のつくり方

大木浩士
Hiroshi Ooki

東洋館
出版社

はじめに

「生徒がこんなに活発に話しているのを、はじめて見ました」

私の授業を見学した学校の先生から、よくいただく感想です。

博報堂という広告会社で、「対話型授業」を行って7年になります。この授業は、私が会社の社会貢献活動として立ち上げたもので、名前を「H-CAMP（エッチキャンプ）」と言います。中学生と高校生を主な対象とし、博報堂の会議室で開催しています。

2016年には、経済産業省が主催する「キャリア教育アワード」で、経済産業大臣賞（大企業部門の最優秀賞）と大賞（全部門を通じての最優秀賞）を受賞させていただきました。

H-CAMPには3つのプログラムがあります。学校単位での訪問受け入れを行う「企業訪問-CAMP」、個人参加型のプログラム「OPEN-CAMP」、自治体やNPOなどと共催する「リレーション-CAMP」の3つです。

「企業訪問-CAMP」には、「総合的な学習の時間」「総合的な探求の時間」（以降、本書ではこの2つを合わせて「総合学習の時間」と表記しています）や修学旅行の一環などで、毎年多くの学校が来社します。2018年度に来社した学校数は123校。7年間で延べ600校を超えました。1回2時間の授業を行っており、私がほぼすべて講師を務めます。＊

本書では、この「企業訪問-CAMP」で培ってきた対話型授業の技術と心構えを、余すことなく紹介したいと思います。

2020年度から本格的に始まる教育改革。授業には対話の要素が取り入れられ、これまでにはなかった課題が生まれています。

この本を書くにあたり、中学校・高等学校の生徒と先生に「対話型授業の課題と感想」について、アンケートを行いました。人数は50名ずつです。多かった声をご紹介します。全国の生徒と先生が、同じ思いを抱かれているのではないでしょうか。

◎生徒が感じる対話型授業の課題と感想

「授業の中の話し合いが苦痛。話し合うテーマ、考えるテーマが楽しくない」

「基本的に〝答え合わせ〟の話し合い。正解を見つけたら終わり」

「人前で話すことが苦手。間違いかもしれないと思うと、発言ができなくなる」

「義務感で行われる話し合い。先生も、上からやれと言われ、しかたなくやっている感じがある」

「楽しい話し合いを体験したい。大人になってからも本当に役立つことを学びたい」

◎**先生が感じる対話型授業の課題と感想**

「おとなしい生徒が多い。自分の考えを自分の言葉で語れない」

「生徒の思いや考えを引き出すことが難しい」

「生徒の主体性を発揮させたいと思うが、なかなかできない」

「正解がないことが怖い。正解があることを、話し合いのテーマにしてしまう」

「対話型授業のコツやノウハウを知る機会がない。すべて自己流」

「教える時間と話し合う時間のバランスが難しい。時間が足りない」


このような声がある一方、私の授業を見学した先生から、左記の感想をよくいただきます。

7年間でいただいた膨大な数の感想やご意見は、このような内容に集約ができます。

「学校ではおとなしい生徒が、積極的に話をしていた。驚いた」

「生徒からこんなに斬新なアイデアが生まれるのかと、ショックを受けた」

「生徒に笑顔があった。授業を面白くするコツや、生徒の心を惹きつける手法を学んだ」

「生徒の思いを丁寧に引き出していた。一人ひとりの話をしっかりと聞いてくれていた」

「考えやすいものを入口にする大切さと、力を引き出す段取りを学んだ」

「考えを深めるための、効果的なワークやアドバイスがたくさんあった」


これらの声をあらためて確認し〝対話型授業の課題〟に応える6つの柱を立てました。この6つはそのまま章になっており、事例などを交えながら、具体的に解説をしていきます。

（1）対話型授業の心構え
（2）話しやすい雰囲気をつくる場づくりの技術
（3）生徒の思いを引き出す傾聴の技術
（4）話し合いを活性化させる進行と設計の技術

（5）深い学びを促す体験ワーク

（6）総合学習の時間のカリキュラム例

生徒たちが自分の個性を育み、広い世界に関心を持ち、未来に希望が感じられる。そんな対話型授業をこれまで心がけてきました。

〝知識〟として学ぶのではなく、〝実感〟することで得られる学び。対話という手法には、その学びをもたらす効果があります。

注意が必要なのは、対話や話し合いは、その質を高めようとすれば、クリアすべき壁がいくつもあるということです。話し合いの指示さえすればうまくいく、そういうものではありません。話し合いに慣れていない生徒たちと行う場合には、特に丁寧な場づくりが求められます。そこに〝技術〟が必要となるのです。

教育の現場がわかっていない者からの参考本ではございますが、形だけの対話ではなく、目指したいところにたどり着く対話へ。その一助になればと思っています。

どうぞよろしくお願いいたします。

大木浩士

＊「企業訪問-CAMP」の参加者数は、会議室の都合等で、1回3人から30人と設定しています。7年間の参加者数は約7000人です。「企業訪問-CAMP」以外の詳細は、H-CAMPのWEBサイトをご覧ください。
https://www.hakuhodo.co.jp/h-camp/

目次

第5章 深い学びを促す体験ワーク

第6章

総合学習の時間のカリキュラム例 211

第１章

対話型授業の心構え

対話型授業の土台となる心構えや留意事項をご紹介します。

対話型授業を通じて実現したいことを心に持つ

「対話や話し合いは、手段である」

私がいつも、心に留めていることです。

「対話という手段を用い、実現したいことは何なのか」

授業を行う前に、そして行った後に、常にこのことを考えています。

対話型授業の心構えの1つ目。それは、授業の目的や目指したい姿を、心に思い描くということです。

「授業に、対話の要素を入れろと言われている。だから、どこかで10分くらい、話し合いをさせておけばよいか」

目的と言っても、**話し合いそのものが目的化**してしまっている、このような考え方。その発想から行われる対話型授業に、生徒たちは苦痛と無意味さを感じています。

学校で進められつつある対話型の授業。

対話や話し合いという〝手段〟を通じ、あなたが実現したいことは、どんなことですか。授業に対話の要素を取り入れることで、生徒のどんな力を引き出し、養いたいと考えていますか。その力を身につけた生徒たちが社会に出ることで、どんな未来をつくっていきたいのでしょうか。

ぜひ、これらの問いに答え、それを言葉で書き表してみてください。

目的や目指したい姿を鮮明にする。これは私たちの仕事でも、必ず行うことです。得意先の課題を解決するための企画やアイデアを生み出す博報堂の仕事。解決したいことは何か、何を実現したいのかを、まずは考え抜きます。そしてたどり着きたい姿を鮮明にします。その姿を明確に思い描けるかどうかが、仕事の質を大きく左右するからです。

私がH－CAMPを立ち上げる際にも、実現したいことを考え抜きました。その際に取り組んだことが2つあります。

1つは、課題の把握です。現在の学校教育の課題は何か、何が原因でその課題が生じているのか。それらを有識者や学校の先生などからお話をうかがい、丁寧に把握をしました。

もう1つは、博報堂という会社が持つ個性への理解です。博報堂らしさとは何か、何が博報堂の良さなのか。それらを、創業時の理念、経営哲学やビジョン、事業の本質、文化や風土などを確認することで、理解を深めました。

〝教育の課題〟と〝博報堂の個性〟、この2つの接点を見つけることが、目的を考える際に必要だと考えました。そして左記を、H－CAMPの目的として掲げました。

未来をつくる皆さんが、多様な価値観や感性に触れる場をつくること。そして、〝自分の個性〟に気づくきっかけをつくること。

博報堂が最も大切にしている力〝クリエイティビティ〟を、体験を通して楽しく学んでいただくこと。そして、自分らしく未来を切り開いていく人材づくりに貢献すること。

〝博報堂の個性〟の中で私が注目をしたのは、博報堂が最も大切にしている力と、その力の源となっている文化でした。

博報堂が最も大切にしている力、それは「クリエイティビティ」です。課題解決のアイデアを生み出し、新たな価値を創造するために必要となる力。これからの社会を担っていく中高生にとっても、養っていただきたい大切な力だと考えました。

このクリエイティビティは、「粒ぞろいより、粒ちがい」と「チーム」という文化によって育まれています。

「粒ぞろいより、粒ちがい」は、博報堂の人材についての考え方を表した言葉です。社員一人ひとりが、異なるオリジナリティを持ち、いきいきと輝いている。粒立っている。そうした、多様で異なった個性を、社員に求めています。

「チーム」は、博報堂での働き方を表した言葉です。異なる個性を持った社員たちが、共通の目的を実現するためにチームをつくる。そして多様な発想をぶつけ合いながら、刺激し合い、認め合い、高め合っていく。このような働き方と人材のあり方が、新しいアイデアを生み出す源泉だと、博報堂では考えています。

これからの教育において必要となる、課題を発見する力、解決策を生み出す力。その力を養うためには、自分の個性を考えるきっかけを作ること。そして、お互いの個性を尊重しながら刺激し合う、そんな体験機会を持つことが必要だと考えました。これを私は、対話や話し合いの手法を用いることで、実現したいと考えたのです。

中高生たちに対話型の授業を行い、うまくいかないこともあります。悩むこともあります。そんな時は、この目的の言葉に戻ります。そして、自分が目指したいものを確認します。目的は、進め方に迷いが生じた時に、戻ることができる原点のようなものです。授業の質を高めていこうと思う、原動力になるものでもあります。

教育改革という大きなうねりが起こる今だからこそ、対話型で授業を行うことの目的を、実現したい姿を、明確に持つことが必要です。

目的の言葉には、正解はありません。必要に応じて、修正することもあるでしょう。大切なのは、しっかり考え抜き、決めることです。

生徒たちの課題を丁寧に把握し、その原因を探ること。学校が目指すビジョンや理念をあらために確認すること。あなたが、教育者を志した時の思いを、振り返ること。それらに、目的を考える際のヒントがあるかもしれません。

自問自答を繰り返し、先生同士で対話を行い、つくりたい未来を思い描いてください。そして実現したいことを心に持ってください。対話型の授業は、まずここから始まると、私は思います。

今日の授業の目標を決める

心構えの2つ目は、個々の授業のゴールイメージを持つということです。

対話型の授業で得られる学びは、多様です。そのため授業の前に、授業の方向性や落としどころを、整理しておくことが必要です。

今日の授業では、生徒たちに何を学んでほしいのか。何に気づいてほしいのか。掲げた目的の言葉を踏まえた上で、**個々の授業の目標（ゴールイメージ）**を設定しておくのです。

「今日の中学生たちは、話し合いの経験があまりないようだ。〝話し合いの楽しさ〟が実感できる授業を心がけよう」

「今日の高校生たちは、試験勉強ばかりで視野が狭くなっている気がする。〝物事を多様な視点でとらえる〟ことを意識した内容で進めよう」

「企業訪問-ＣＡＭＰ」では、授業の本題に入る前に、必ずこのようなゴールイメージを持つようにしています。訪問の趣旨や生徒たちの様子を確認しながら、目指す方向を鮮明にしています。

目標を設定する際の注意点は、**欲張らないこと**です。

同時にたくさんの方向を目指すと、内容が複雑になり、生徒が混乱します。話し合いに慣れていない生徒が多い場合、１回の授業で目指す目標は、多くて２つを心がけています。

目標を考える際に参考になるのは、生徒たちからの感想です。対話型の授業は、彼らにどんな学びや気づきをもたらすことができるのか。それを把握しておくことで、ゴールイメージが持ちやすくなります。

参考として、「企業訪問-ＣＡＭＰ」でよく設定する目標例と、その目標の背景にある生徒たちからの感想をご紹介します。

目標例１　話し合いを通し、自分と他者との違いを知る

「人は皆、自分と同じことを考えると思っていた。でも、全く違っていた。驚いた」

「同じことを質問されたのに、答えが全員異なっていた。感性は一人ひとり違うのだとわかった」

感性や価値観は、皆違う。そのことを実感しながら理解してほしい時に、設定する目標です。このような感想の言葉は、話し合い体験のない生徒から、よく耳にします。

目標例2　話し合う楽しさ、考える楽しさを実感する

「話し合いは難しくて辛いことだと思っていた。でも、みんなと自由にアイデアを考える時間は、とても楽しかった」

「人の意見を聞きながら発想が広がっていった。自分の世界がどんどん広がり、考えることが楽しいと感じた」

話し合うことや考えることは、実は楽しいことなのだとわかってほしい時に、設定する目標です。〝答え合わせの話し合い〟しか体験したことがない生徒が、よくこのような感想を述べます。

目標例３　〝楽しい〟の本質について考えを深める

「自分には楽しいことなんて何もないと思っていた。でも、話し合いを通して、実はたくさんあることがわかった」

「自分の関心ごとを、人に伝えてみた。〝なぜそのことに関心があるの？〟と、人から質問された。自分が大切だと思うことについて、考えを深めるきっかけになった」

私から生徒に、「何をしている時が楽しい？」と聞くと、「特にないです」との答えが返ってくることがあります。感覚的には約１割の生徒がこの返事をします。「ゲームやユーチューブが楽しい。他は特にありません」と話す生徒は、３割くらいになります。このような生徒が多い時に、設定する目標です。

〝楽しい〟について、考えを広げたり深めたりすることは、とても重要なことです。〝楽しい〟と感じることの奥には、その人の個性につながる大切なキーワードが隠れているからです。

生徒たちは、〝楽しい〟について、考えを深める機会が不足しています。〝楽しい〟をテーマに、もっと対話や話し合いの機会を設けるべきだと、私は強く感じています。

目標例4　自己肯定感を育む

「今まで誰にも話さなかった個人的な価値観を、人に話してみた。どうせ理解されないだろうと思っていたら、共感してくれる人がいた。涙が出そうになった」

「違いを尊重しながら話し合いを行った。私は人と違っていていいんだと強く思えた。勇気をもらえた」

「自分に自信が持てない」と語る生徒がいる時に、よく設定する目標です。

違いを尊重し合う場づくりによって、人から理解され、受け入れてもらえる体験が増えます。それが自己肯定感の醸成につながります。

目標例5　自分の思いを自分の言葉で表現する

「妄想したことを、言葉にして、人に話してみた。友達から〝すごい〟と驚かれた。自分にしか生み出せない言葉や表現があることを知った」

「伝えたいことがなかなか言葉にできなかった。もどかしかった。思いを言葉にすることの大切さと難しさを知った」

自分の思いを、自分の言葉で表現するには、慣れが必要です。その体験機会をしっかりつくりたい時に、設ける目標です。

目標例６　物事を多様な視点でとらえる

「自分の視点だけではなく、違う人の視点を想像しながら、アイデアを考えてみた。発想がどんどん広がっていった」

「先入観や固定観念にしばられている自分がいた。新しい発想を導くためには、それを壊すことが必要だと思った」

物事には多様な側面がある。それに気づいてほしい時に、設定する目標です。間違いをしてはならない。正解を答えなければいけない。そんな完璧主義の生徒が多い場合にも、よく設定をします。

目標例７　思考を深め、課題の原因を明らかにしながら解決策を考える

「お互いに〝なんで？〟と質問し合うことで、考えが深まっていった。〝学校の授業が楽しくない理由〟を、自分たちなりに解き明かせた気がした」

「話し合いによって、課題の原因を探っていった。原因のとらえ方は、人によって異なることがわかった。原因を理解することで、解決策が考えやすくなることも知った」

学校から「論理的な思考力を養わせたい」とのご要望をいただく際に、よく設ける目標です。

目標例8　行動を起こす大切さを知る

「叶えたいことがあるなら、自分から動くことが必要だとわかった。これからは考えるだけでなく、行動も意識していきたい」

「みんなで力を合わせて考えたアイデア。ぜひ実現させたい。実現できる人になりたい」

博報堂の仕事は、アイデアを考えるだけでなく、それを実現するところまで行います。アイデアを形にするには、考えた人自身が、実現のために動かなくてはなりません。

「自分が望む未来をつくりたいなら、自分から動くこと。待っていても、あなたが実現させたい世界は、誰も作ってはくれないよ」、そんなメッセージを伝えることも大切にしています。

以上、「企業訪問-CAMP」で設定する8つの目標例と生徒たちからの感想をご紹介させていただきました。

注意が必要なのは、これらの感想は、私が行う授業から生まれたものだということです。授業の内容が変われば、感想も変わります。あなたが行う対話型授業からは、どんな感想が生まれるでしょうか。ぜひそれを確認してください。そして、個々の授業で設定するゴールイメージのヒントとしてください。

振り返りの時間を持つ

対話型授業の心構え。3つ目は、振り返りの時間を持つということです。

対話型の授業では、生徒たちの中に、様々な気づきが生まれます。「企業訪問-CAMP」では、授業の最後に、その気づきについて各自が振り返る時間を設けています。

振り返りの際に大切なのは、〝書くこと〟です。感じたこと、考えたことなどを、言葉にして書き残します。そうすることで、漠然とした気づきが、言語化された具体的な学びに変わるのです。時間は3分間くらいが目安です。

各自が紙に書いた後は、できるだけ共有の時間も持つようにしています。他者の気づきに触れることで、生徒たちの中に、新たな気づきと学びが生まれるからです。

共有は、チームごとに行う場合と、数人を指名し全体に向けて発表してもらう場合とがあります。共有の時間が確保できるよう、逆算で時間管理を行うことも、進行を行う上での大切なポイントの1つです。

生徒による振り返りの後は、私が振り返る番です。

博報堂の仕事紹介や仕事体験（チームに分かれてのアイデア会議）を、対話型で行う2時間の授業。今回の授業は、生徒たちにどんな気づきをもたらすことができたのか。多様な価値観に触れたり、自分の個性を考えたりする機会になったのか。〝クリエイティビティ〟は発揮されていたか。楽しかっただろうか。笑顔はあっただろうか。

その日の授業を振り返り、そして生徒たちが述べた感想を思い返しながら、考えます。何か課題が見つかれば、どの部分をどのように変えればよかったのかを、紙に書き出しながら整理します。そして進め方の改善に努めます。

対話型の授業には正解がありません。試行錯誤を重ねながら、**ＰＤＣＡ＊のサイクル**を回しながら、その精度を高めることが必要になります。最もよくないのは、独りよがりです。授業を行い、その反応や感想を確認することなく、進めていくやり方です。

私が講師を務める「企業訪問ＣＡＭＰ」には、全国の中学1年生から高校3年生が訪れます。

高校生から良い反応があった進め方も、中学1年生には通じません。同じ中学生でも、住んでいる地域によって雰囲気が違いますし、発想することに慣れている生徒たちと、それらに全く関心のない生徒たちとでは、対応を変える必要があります。

異なる生徒たちに対して行う、一度きりの授業。毎回が試合のような感覚です。

授業に勝ち負けをつけるのは間違っていると思いますが、目的に沿った結果が得られない授業は、やはり〝負け〟だと思っています。負けたら、素直に反省し、負けた原因を分析します。そして、その課題が克服できるように内容を修正し、技術を磨きます。

＊PDCAサイクルとは、Plan（計画）・Do（実行）・Check（評価）・Action（改善）を繰り返すことによって、業務を継続的に改善していく手法のことです。

気づき合いが生まれる土壌をつくる

心構えの４つ目は、気づき合いが生まれる土壌をつくるということです。

対話型授業の質を高めるために必要なこと、それは〝気づき合い〟だと思っています。

誰かが一方的に知識を与えるのではなく、お互いが意見を出し合って、気づきを生み出していく。刺激し合い、高め合っていく。そんな話し合いです。

「なるほど！」

「ああ、そっかあ」

「それ、面白いね！」

気づき合いのある話し合いでは、これらの言葉が、笑顔とともに飛び交います。

博報堂で行う話し合いも、気づき合いを大切にしています。
〝お茶飲料の新しい売り方〟をテーマした、企画づくりのための話し合い。その一幕を見てみましょう。

社員A▼「体脂肪を減らすお茶。どんな売り方が考えられるだろう」
社員B▼「実は僕、最近お腹が出てきて、体脂肪を減らすお茶は、すごく気になる存在!」
社員C▼「飲んでますか?」
社員B▼「実は、あまり飲んだことがない。体脂肪を減らすサプリは、毎朝飲んでるんだけど」
社員C▼「毎朝ですか。すごいですね」
社員B▼「朝起きて、歯を磨いて、サプリを飲む。もう習慣だね」
社員C▼「へえ、歯磨きの後に飲むんですね」
社員B▼「歯を磨く時に、鏡を見るよね。そして、ああ太ったなって思う。何とかしなきゃって思う。それでサプリを飲む、というわけ」
社員A▼「なるほど。例えばだけど、鏡を見て、太った自分を自覚する。その時に、何らかの対処をしたくなる。これってアイデアのヒントにならないかな」
社員Ｂ▼「朝という時間に注目してみるのはどうだろう。僕は、ズボンのウエストがきつくなったことを実感したり、服のチェックで鏡を見たりして、朝に何度も落ち込む場面があるから（笑）」
社員Ｃ▼「そういえば、朝専用の缶コーヒーってありますよね。例えば、朝という時間帯を狙った、体脂肪を減らすお茶というのはどうでしょう」
社員Ｂ▼「容量は少ない方がいいね。朝から５００㎖をゴクゴク飲むのはたいへんだから」
社員Ａ▼「なるほど。太った自分を自覚しやすい、朝という時間帯。何とかしなきゃと思った時に、さっと飲める小容量の体脂肪を減らすお茶。朝の新しい習慣を、提案できるかもしれないね」

線を引いた部分の発言が、面白いですね。気づきがあります。

雑談のような気軽な雰囲気を大切にしながら、集まった人たちが自由に意見を語り合う。このような話し合いを、私たちは「ブレインストーミング（略してブレスト）」と呼んでいます。

誰かの何気ない一言が、他の社員に気づきをもたらしたり、くだらないと思われる意見が、新しい発想につながったりする。博報堂のブレストでは、よくあることです。一般論ではなく、自分の主観で本音の意見を語るからこそ、〝気づき合い〟が生まれるのです。

このブレストのような話し合いの場づくりを、私は生徒たちに対して行っています。具体的な技術は、第4章でご紹介します。

ここでは、〝気づき合い〟を生む話し合いのために、私が常に意識していることを3点お伝えします。

◎全員でクリエイトしていく感覚を持つ。

今この瞬間に、このメンバーがいるからこそ、生み出せるアイデアがある。このメンバーでないと、生み出せないアイデアがある。社内で行うブレストでは、そのことを、いつも感じます。生徒たちと行う話し合いでも、同じ意識を持ちながら臨むようにしています。

◎教える側、教えられる側という認識を脇に置いておく。

対話型の授業で感じること。それは、生徒だけでなく、私も、気づきを得る側の1人だということです。生徒が語る何気ない一言に、今まで何度、気づきをいただいてきたことか。話し合いにおいては、教える側、教えられる側というものはありません。全員が気づきを与え、受け取る存在です。

◎安全で安心できる場をつくる。

本音の意見を語るということは、とても勇気のいることです。〝気づき合い〟のある話し合いには、安全で安心できる場づくりが不可欠になります。

先生と生徒の信頼関係をつくること、笑いをつくりながら場の空気を和らげること。これらも、安心できる場づくりには、欠かせない要素です。

「話しやすい雰囲気をつくる場づくりの技術」、それをこの後、第2章でご紹介します。

第２章

話しやすい雰囲気をつくる場づくりの技術

話し合いを活性化させる雰囲気づくりの技術をご紹介します。

3部構成の場づくりを行う

対話型授業の場づくりは、3部構成を意識しています。

・導入の時間
・実践の時間
・振り返りの時間

この3つです。雰囲気づくりのために最も重要なのは、導入の時間です。対話型授業の本番（実践の時間）がどのような雰囲気になるのかは、導入の時間のつくり方で決まります。

博報堂で行う「企業訪問-CAMP」は、毎回、はじめて会う生徒たちと対峙します。そのため導入の時間は、10分から20分と長めに設けています。内容の詳細は追ってご紹介しますが、生徒たちとの信頼関係を築き、つくりたい場の雰囲気を言葉と態度で示す、そんな時間になります。

学校の授業でも対話の要素を取り入れるなら、短い時間（2分程度）でよいので、導入の時間を設けることをお勧めします。

導入はまず、先生から生徒への声かけから始めます。例えば私なら、このようなことを行うでしょう。

◎生徒たちの今の状況を理解するための簡単な質問をする。（考えていることや今の気分など）

◎前回の授業で行った話し合いの内容を振り返る。（前回の感想を何人かに聞いてみる）

◎今回行う話し合いのポイントや留意点を伝える。

生徒の現状を理解し、情報を共有し、全員が同じところからスタートをする。そのための時間です。

先生と生徒のスタートラインがずれていると、生徒たちは思い通りについてきてくれません。結果、行動や思考を強要する指示を行うこととなり、生徒の主体性を削いでしまいます。

空気を合わせる。その上で一緒に前に進む。導入の時間の場づくりで、特に心がけていることです。

総合学習の時間では、授業の最初にこのような時間を設けるとよいでしょう。各教科等の授業の場合には、講義型から対話型に変わる際に、導入の時間を設けるとよいと思います。（どのような声かけが良いのかは、授業の内容や話し合いのテーマによって変わります）

教室の環境にもよりますが、机の配置も、講義型からアイランド（島）型に変えることで、対話モードのスイッチが入りやすくなります。

生徒同士で話し合いを行う前にも、短い導入の時間を設けます。実践の前に緊張を和らげ、話すための準備をする時間です。この時間を、よく**〝アイスブレイク〟**と言います。アイスブレイクとは、緊張感（アイス）を壊す（ブレイクする）取り組みや時間のことです。

アイスブレイクの具体的な手法は数えきれないくらいあります。授業で行う場合に押さえておくことは、2つです。

①一人ひとりが声を出す（声を発して話をする準備状態に導く）

②生徒同士がお互いの状態を理解し合う（安心感をつくり、緊張を和らげる）

時間がない各教科等の授業の場合には、①のみでも結構です。具体的には、同じチームになったメンバー同士で、目を合わせながら「よろしくお願いします」と挨拶をします。はじめに声を出す機会をつくることで、その後の発言がしやすくなります。

時間に余裕がある場合には、「**②生徒同士がお互いの状態を理解し合う**」も行います。理解し合うための問いを立て、チームの中で話し合う時間を設けます。これを丁寧に行うことで、チームとしての一体感も生まれます。

あくまでも本題に入るための準備の時間なので、問いは単純なものが良いと思います。

例えば、このような内容です。

「今の気分を5段階評価で伝えてみましょう。5が最高点、1が最低点です。一人ひとり順番に、今の気分を少し説明をしながら話してみてください。時間は全体で2分間です」

1人が話した後は、チームの中で小さく拍手をすることも、生徒たちに伝えます。拍手には、もらう人に勇気を与え、チームの雰囲気をよくし、場全体に活気をつくる効果があります。


アイスブレイクの問いの難易度を少し上げるなら、

「今の自分の気分を、色で紹介してください（その理由も）」

「あなたが幸せになれる食べ物を1つ教えてください」

「あなたが行ってみたい国は？」

「自分が絶好調になるために必要なもの」

など、その人らしさがユニークに表現できる内容がお勧めです。


このような導入の時間は、初体験の時が最も難易度が高く、丁寧さを必要とします。授業で何度か行えば、生徒たちは慣れ、費やす時間や先生にかかる負担も減ってきます。導入の時間によって、場によい雰囲気が作られれば、実践の時間の質は高まります。

3部構成の場づくり。最後は、振り返りの時間です。本日行った話し合いで、自分はどんなことに気づいたのか、学びがあったのか、それをメモしながら各自が振り返ります。

先生にとっても、生徒の感想を確認することで、改善のためのヒントをもらうことができる時間です。詳しくは、第1章で述べた通りです。

実践の時間の前には、雰囲気をよくするための導入の時間を持つこと。実践の時間の後には、振り返りの時間を持つこと。これが学びの効果を高める大切な技術の1つです。

相手を理解する時間を持つ

話しやすい雰囲気をつくる場づくりの技術。ここからは、私が「企業訪問-CAMP」の導入の時間で行っている内容を、具体的にご紹介していきます。

まずは、「相手を理解する時間を持つ」という技術についてです。

これまで600校以上の訪問受け入れを行ってきた「企業訪問-CAMP」。参加する生徒たちの様子は、大きく2つに分かれます。

1つは、博報堂に関心を持つ生徒たちです。CM制作や企画づくりに興味を抱き、目をキラキラさせながらやってきます。

もう1つは、あまり（まったく）関心のない生徒たちです。博報堂なんて名前の会社、聞いたことがない。CMや広告は、邪魔なもの、見たくないもの。本当は別の会社に行きたかったたのに、じゃんけんで負けてこの会社になってしまった。あー早く終わらないかな、博報堂への訪問。そんな感じです。

比率は、前者が約２割、後者は約８割です。

このような生徒たちに対して行う２時間の授業。「企業訪問-CAMP」を始めて間もないころは、導入の時間はなく、最初から講義を行っていました。

簡単なあいさつを交わした後は、資料をテレビモニターに投影し、講義を行う。会社の成り立ち、仕事の概要、CM制作の流れなどを、一生懸命説明しました。

はじめは真剣な様子で聞いている生徒たち。しかし、10分もするとうんざりした表情に変わり、しだいに寝てしまう生徒も現れます。氷のように冷え切った場の空気。明らかに楽しそうではありません。

「この授業の進め方は、私の独りよがりになってしまっているな」

同じような状況を何度か体験し、そう感じました。

そして、生徒の立場になりながら、やり方を変えようと思いました。

何度も試行錯誤を繰り返し、見出した技術の１つが、「最初に、相手を理解する時間を持つ」

です。

いきなり説明を始めない。まずは〝関係づくり〟を行う。相手の状況を理解する時間を持つ。そんな技術です。

「○○中学校の皆さん、こんにちは。皆さんの学校がある場所は、何県何市ですか？」
「修学旅行の2日目なんだね。昨日はどんなところに行っていたの？」
「博報堂という会社に来て、どんな気分かな。今の気持ち、ちょっとだけ教えて」

雑談のようなくだけた雰囲気で、生徒たちの今の状況を理解するための質問（声かけ）を行います。生徒たちが答えやすい内容で、会話のキャッチボールを意識しながら、必ず行います。

私の側からすれば、生徒たちを理解する時間になりますし、生徒の側からすれば、「自分たちの今の状況を相手が理解してくれた」、そんな安心感を抱く時間になります。

その場にいる全員が、今の状況を理解し合い、**スタートラインを合わせて動き出す。**これは対話型の場をつくる上で、とても大切なことです。

学校の授業の場合、私なら「前の授業はどの科目で何を学んだのか」「昼休みはどんな過ごし方をしたのか」「今日は雨の日の登校となり、たいへんだったね」など、生徒たちの状況を理解する、短い対話の時間を、はじめに持つと思います。それが、授業の雰囲気をよくするために、必要な時間だと考えるからです。

「企業訪問-CAMP」では、生徒全体の状況を理解した後に、一人ひとりとの短い対話も行います。（人数が20名以下の場合は全員と行い、それを超える場合は、時間の都合上、数名とのみ行います）

まず名前をうかがい、その後、簡単な質問を1つします。よくするのは「何をしている時間が楽しいですか?」という内容です。

ゲームをしている時、アニメを見ている時など、生徒たちから様々な答えが返ってきます。

その答えに対して、さらに質問を返します。

「ゲームをしている時間が楽しいんだね。例えば最近はどんなゲームをしているの?」

「アニメが好きなんだね。あなたが好きなアニメ、1つ教えて」

そしてまた、生徒から答えが返ってくる。こんな〝会話のキャッチボール〟を一人ひとりと行います。笑い声もよく生まれます。

質問の内容は、楽しいことや嬉しいことなど、相手の気持ちが明るくなるものを心がけています。デリケートな領域にあまり踏み込まないよう配慮し、2～3往復くらいのキャッチボールを行います。

この時間を設けるか設けないかで、場の雰囲気がかなり変わります。何より、私がとてもやりやすくなります。生徒の関心ごとが把握できることで、その後の場のコントロールがしやすくなるからです。

学校の授業では、クラスが新しくなった年度はじめや各学期の最初の時間などに、このような対話の機会を設けられるとよいと思います。生徒の現状や関心ごとを理解し、心を通わせることができる、貴重な時間になるでしょう。

各教科等の授業の中でこのような時間を設けることが難しければ、総合学習の時間や個人面談の時間などを活用されるとよいかもしれません。

〝生徒と1対1で行う対話の技術〟については、第3章で詳しくご紹介します。

先生と生徒との間にブリッジをかける

生徒が話をしやすくする雰囲気づくり。実は、先生と生徒との関係性が、場の雰囲気に大きな影響を及ぼします。

「生徒との関係性をしっかり築き、雰囲気をよくしたい」

そう考える時、私は、生徒一人ひとりと〝ブリッジ（橋）〟をつくるような対話を心がけています。ブリッジは〝つながり〟や〝絆〟のようなものとご理解ください。

参考として、高校1年生の佐藤さんと行った対話の事例をご紹介します。

まず私から佐藤さんに、「楽しいと感じる時間を教えてください」と質問をします。佐藤さんからは、緊張した声で「漫画を読んでいる時です」という答えが返ってきます。ここから、ブリッジづくりを意識した、会話のキャッチボールを行います。

「漫画を読んでいる時間、楽しいよね。僕もよく読みます。例えば、どんな漫画が好きですか」

「『ハイキュー!!』っていう漫画が好きです」

『ハイキュー!!』は、高校バレーボールを題材にした、私も大好きな日本の漫画です。

「その漫画。僕も大好き。単行本は、レンタルで全巻読んだよ」

この言葉に、大きく目を広げ、「私、全巻持ってます」と身を乗り出す佐藤さん。

「すごいね。この作品、成長していく主人公の姿がいいよね」

「はい。でも私は西谷《にしのや》くんが一番好きです」

登場人物の西谷くんは、ガッツあふれるプレーで人気の選手です。

「彼のプレーを見ていると、元気をもらえるよね」

すると佐藤さんは満面の笑みで、「そうなんです！　これ、彼のイラストが入ったクリアファイルです。私の宝物です。これを見ると、いつも勇気が出てくるんです」と目をキラキラさせます。

「彼に勇気をもらってるんだね」

「はい！」

「佐藤さん、今日はよろしくお願いします」

はじめは緊張で伏し目がちだった佐藤さんは、姿勢を正して、私の目をしっかり見ながら、「よろしくお願いします」と挨拶をしてくれました。

私と佐藤さんとの間に、心のブリッジ（橋）ができました。自分が大切にしているものを、相手が理解し、わかってくれた。そんな喜びが、橋をかけたのです。


一番強い橋がかかるのは、共通する接点が見つかる時です。先ほどの会話では、漫画作品が接点となり、強い橋がかかりました。

共通の接点が見つからないことも、よくあります。そんな時は、驚いたり、褒めたりすることで橋をかけます。

「え、すごいね。そんなことに興味があるんだ（そんなことをしているんだ）」

このような言葉を、驚きの表情とともに返します。時に敬意を払いながら、思いを相手に伝えます。

また、関係づくりの橋は、理解したことを相手に告げることでも、かけることができます。

「あなたが楽しいって思う時間は、こんなことをしている時間なんだね。（ちゃんと理解したよ）」

そんな言葉を笑顔とともに返します。

生徒との関係性を築くために、対話によって行う、心のブリッジづくり。ポイントは、相手が大切に思っていることに対して、**「自分も関心があることを伝える」「驚いたり褒めたりすることで称賛する」「理解したことを相手に告げる」**などを行い、生徒との心理的な距離を近づけることにあります。

ブリッジができた生徒と、できなかった生徒とでは、話を聞く態度が明らかに違います。

この「ブリッジをかける」という技術。人の心を惹きつけるために、よく用いられる手法です。

例えば、全国の街頭をめぐる政治家のスピーチ。人の心を惹きつける政治家は、まず、集まった人たちとのブリッジづくりから始めます。自分とその地域との縁を紹介したり、方言で最初の挨拶をしたり。このような時間をつくることで、話をする自分と聞く人たちとの心の距離が、ぐっと近くなるのです。

地方で行われるコンサート。ミュージシャンがフリートークで、その地域の特産品や名所などに触れる姿をよく見かけます。これも来場者たちとのブリッジづくりを意識した取り組みになります。

先生も自己開示を行う

生徒との心理的な距離を近づけるために、心がけたいことがあります。それは、先生も自己開示を行うということです。ブリッジづくりの対話でも、自己開示が行われているかどうかで、先生への印象は大きく変わります。

前項でご紹介した佐藤さんとの対話では、私からの自己開示がありました。私も漫画が好きであること、彼女が好きな漫画を私も読んだことがあるなどの内容です。この情報によって、私に対するイメージは、彼女の中で〝つかみどころのない無機質な存在〟から〝人間味のある少し身近な存在〟に大きく変わったはずです。

生徒との関係づくりのために行う、会話のキャッチボール。単に質問をしたり、相手からの返事を事務的に受け取ったりするだけでは足りません。そこに先生の**人間味を感じさせる情報**

がいるのです。

「あなたは、何をしている時間が楽しいですか」と生徒に質問をし、「ダンスをしている時間が楽しいです」との答えが返ってくる。その時、「そうか。わかった」で終わってしまってはいけません。私ならこのように返します。

「そっかあ。すごいなあ。僕はダンスがとても苦手で、ダンスが上手な人って、本当にうらやましいと思う。ダンスを通して自分を表現できるって、すごく素敵なことだよね。その楽しいって思い、大切にしてね」

生徒がダンスに興味があるのなら、ダンスに対する個人的な思いを含んだ言葉を返します。自分のダンスに関するエピソードを思い起こすと、自己開示の言葉が生まれやすくなります。

私は大学時代、先輩に連れられてディスコ（今のクラブのような場所）に赴きました。皆が軽快に踊る中、全くリズムにのれず、それ以来、ダンスに対して苦手意識があります。

生徒から発せられた「ダンスが楽しい」という言葉。学生時代の思い出がよみがえり、私の心の中に「いいなあ。うらやましいなあ」という本音の思いが浮かびます。それを生徒の心に届くように、少しアレンジを加えながら伝えるわけです。

相手が共感する言葉や嬉しさを感じる言葉。そんなものを交えると、関係づくりの効果がさらに高まります。
「企業訪問-CAMP」では、よく同席する先生にも、「楽しいと感じる時間を教えてください（ただし学校以外で）」と質問をします。すると、創作料理をつくること、ペットと過ごす時間、山登り、ラーメン店めぐりなど、先生の人間味が伝わる答えが返ってきます。その話を聞く生徒たちは、いつもとても嬉しそうです。学校では行われない先生からの自己開示によって、心の距離が少し近づいたと感じるからです。その度に私は思うのです。普段からもう少し、生徒たちに自己開示をされればよいのに、と。

自己開示をすると言っても、その目的は、あくまでも「対話の場の雰囲気づくり」です。ご自身の家庭の事情や心の悩みを、赤裸々に語る必要はありません。事務的な返答ばかりではなく、個人的な思いを含んだ言葉を返してみる。そうした方が、心が通う双方向のコミュニケーションになりますよね、ということです。

生徒の笑顔を引き出すコツ

「もっと笑いがあればいいのに」

生徒たちからよく聞く、授業への要望です。笑いは、場を明るくし、話しやすい雰囲気をつくります。

笑顔や笑いを引き出すには、コツがあります。そのコツを、いくつかご紹介します。

まずすべきことは、笑顔の障害を取り除くことです。

笑顔や笑いの対極にあるもの、それは、緊張と恐怖です。あなたは、生徒に緊張と恐怖を与える存在ですか。もしそうなら、生徒があなたに抱く、緊張と恐怖のイメージを和らげることが必要です。

「弱みを見せること」と**「失敗談を語ること」**は、その有効な手段になります。

弱みを見せ、失敗談を語ることで、〝緊張しながら接しないといけない相手〟から〝少し気が許せる、安心できる部分のある相手〟に変わるからです。

博報堂に来社した直後の生徒たち。その多くが、緊張した面持ちで私を見ます。導入の時間で、それをできるだけ和らげようとしています。しかし、思うようにいかないこともあります。そんな時は、このような話をします。

「あの、実は僕、こう見えて、ちょっと傷つきやすい性格なんです。今、結構がんばって話をしています。でも、聞いてくれている皆さんから、何の反応もないと、無視されているような気がして、心が折れそうになります。実は今、ちょっと折れそうです。もし話の中で、関心が持てる内容があれば、何かリアクションをください。頷いたり、〝へえ〟という言葉を返していただけたりすると、とても嬉しいです。よろしくね」

〝実は今、ちょっと折れそうです〟のところで、よく、小さな笑いが起こります。話の後は、緊張がほぐれ、生徒の表情に余裕が生まれます。私との会話の中にも、笑いが起こりやすくなります。弱みを見せることも、自己開示の一種です。**相手に安心感を与え、心理的な距離を近づける技術**になります。

次にご紹介するのは「失敗談」の事例です。お正月休み明けにお会いした、神奈川県の高校生に伝えた話になります。

「皆さんは、初詣に行きましたか。僕は神奈川県の川崎大師にお参りしました。参拝の後、おみくじを引いてみました。大吉が出るといいなと思って引いたんですが、出たのはなんと凶でした。いやー、おみくじの凶、はじめて見ました。しかも初詣で。このまま帰るのも、なんかモヤモヤするので、もう1回引いてみたんです。恐る恐る紙を開いたら、また凶って書いてある。まさかの2連続凶！　もう今年は、謙虚につつましやかに過ごそうと決めました。皆さんは、どんなお正月を過ごされましたか」

こんなエピソードを話し、笑いが起きると、場の空気が一気に和みます。

失敗談を語るにもコツがあります。失敗した時の状況や心理を、聞く人がイメージできるよう、具体的に話すことです。先ほどの例でいえば、「大吉が出るといいなと思った」「恐る恐る開いたら」という言葉が効果的です。臨場感を生み出し、共感の笑いを引き出しやすくしています。

失敗談を話す時、私が避けているものがいくつかあります。

まず失敗の体験が深刻すぎるものです。深刻すぎるものは、聞いていて辛くなります。また、痛みを想起させるもの、汚いものをイメージさせるもの、差別を連想させるものもよくありません。これらは笑いが起こりにくく、聞く者を不快にさせてしまいます。


次に、対話の中で生まれやすい笑顔や笑いについて、ご紹介します。

◎自分が好きなことや得意なことが話題となり、それに他者が関心を示してくれると、人は笑顔になる。

「先生と生徒との間にブリッジをかける」でご紹介した、佐藤さんとのやりとりがこれにあたります。

好きな漫画が話題になる。それに他者である私が関心を示す。

「彼のプレーを見ていると、元気をもらえるよね」という私の返しに、「そうなんです！」と笑顔を見せる佐藤さん。この「そうなんです」の一言を引き出すことが、笑顔を生むコツです。

相手とわかり合えた時に出る言葉。人との距離がぐっと近づいた時に出る、喜びと安心の笑みです。

◎自分が以前から考えていたことに対し、他者から、自分も同様のことを考えていたと告げられると、「共感の笑い」が起こる。

「あの、前から思ってたんだけど、体育の山本先生、俳優の遠藤憲一に似てるよね」

「ああー、わかるわかる～！（笑）」

こういう笑いです。

「実は私、×××っていうイケメンカードゲームにはまっててさ」

「え？　そうなの！　私も～（笑）」

多くは、心理的距離の近い、友人との会話の中で起こる笑いです。生徒同士の共感が起こりやすい問いを立てると、話し合いの場に、笑いが生まれやすくなります。

◎誰かの発言に対して、皆が感じたであろう違和感。その違和感を整理して、発言者に告げ返すと、違和感を持った人たちから笑いが起こる。

「三田くん、どうした。ちょっと疲れた？」

「いやー、なんか俺、お腹すいちゃって」

「そっか、お昼ごはん、少なかったかな」

「いえ、昼はちゃんと、定食2人前食べたんですけどね」

「はあ？　それでもうお腹すいたの？　（時計を見ながら）まだ3時だよ。どんなお腹してるの（と三田くんを見る）」（その場にいる一同爆笑）

発言に対して抱いた違和感。それを整理して、発言した相手に告げ返す。漫才の〝つっこみ〟がこれに当たります。

◎笑顔や笑いをテーマに話し合いを行う。
笑いや笑顔をテーマに話し合いを行うと、場に笑顔が生まれます。

まずは、「自分が笑顔になった瞬間」を各自がたくさん、紙に書き出します。その後チームとなり、書いたことを、少し説明をしながら紹介し合います。

最後は全体発表です。各チームから、印象的な事例を紹介してもらいます。場に「わかる～！」という共感の笑いが起こります。

大切なことはコトダマにのせる

自己開示を使った技術の1つに、「コトダマ（言霊）にのせる」というものがあります。言葉に魂が宿ると、それは「コトダマ（言霊）」になります。魂とは、〝心からの思い〟や〝本当の気持ち〟とご理解ください。一見、精神世界の話のようですが、非言語コミュニケーションの技術になります。

生徒に対して発する「すごいなあ」という言葉。この言葉に〝心からの思い〟を乗せると、生徒への届き方が変わります。

心からの思いが乗った言葉というものは、声の響きが変わり、表情や態度も変わるものです。気持ちが高まった時に出る声は、お腹からの振動をともなった声になります。目は大きく見開かれ、上半身は少し前に乗り出す感じになるでしょう。

そんな様子から、聞き手は、相手が発する本気の思いや熱のようなものを、敏感に感じ取るのです。

脳から生まれた言葉は、相手の脳に届き、心から発せられた思いは、相手の心に響きます。**相手の心を動かしたいなら、心を響かせること**です。そのためには、〝心からの思い〟を込めたメッセージであることが必要です。

私は生徒たちに大切なメッセージを伝える際に、この「コトダマ（言霊）」の力を使います。

「今から話すことはね、大人になってからも、本当に大切なことなんです。いいかい、よく聞いて」

文章を読むような感じでこんなことを言っても、生徒たちは耳を傾けてくれません。このような話をする時、私は〝本当に大切なんだ〟という思いを言葉に乗せ、態度で表現します。

まず、短い言葉で、間をとりながら、ゆっくりと話します。声は少し大きくなりますが、大切なのはお腹からの振動です。腹式で声を出します。上半身は、少し前に乗り出す感じになります。手は胸のあたりまで上げ、話す言葉に合わせて動きをつけます。目は大きく開き、生徒たちの顔に焦点を合わせます。「本当に」のところは、心を込めると、目を閉じることになるかもしれません。

これらの動きには、もちろん演技も入っています。相手に思いを届けたい時は、届けるための非言語的なコミュニケーションの力も使うようにしています。

丁寧にブリッジをかけた生徒に対して届ける、コトダマ化したメッセージ。〝本気の思い〟を態度で自己開示しながら発する、響く言葉。生徒たちは、耳を傾けないわけがありません。そんな自己開示の技術も、対話型の場づくりには、必要なことだと感じています。

先生自身がモデルになる

対話型で行われるセミナーやワークショップに、これまでたくさん参加してきました。いつも感じることは、「進行者のあり方で、場の空気が変わる」ということです。服装、話し方、語る言葉や進行者の人柄のようなもの。参加者はそれらを敏感に感じ取り、進行者に合わせて自分のあり方を変えようとします。

ビジネススーツを着込み、論理的で隙のない話し方をする進行者。彼の前では皆、自分もクレバーであろうとするでしょう。慈愛に満ちた笑顔で、すべてを温かく受け入れる佇まいの進行者。そんな人の前では、自分も人を思いやる、優しい存在でありたいと思うでしょう。

人は空気を読みます。場の空気に合わせて、それに適した行動や発言をしようとします。日本人は特にそうです。場を進行する者（先生）は、その場にいる人（生徒）の心理や空気に、大きな影響を及ぼす存在なのです。

学校で行う対話型の授業。あなたは、どんな雰囲気の場にしたいですか。

生徒に本音で話をしてほしければ、進行役がまず、その見本を見せることです。つくりたい場を、言葉と態度の両方で、自らモデルとなって示すことです。

威圧的な態度で「本音で話せ！」と伝えても、生徒たちは本音で話そうとは思いません。

本音を語ることが恥ずかしいと思うのなら、その気持ちを正直に告げるとよいでしょう。心を開き、小さなことでよいので、個人的な思いを語ってみる。そんな進行役のあり方を、生徒たちは見本にします。そして少しずつ心を開き、本音の意見を話し始めるのです。

さて、少し話が変わります。

先日、ＣＭ制作プロダクションに転職した知人と、仕事の話になりました。彼が関わったＣＭには、有名なタレントのＫさんが出演していました。友人は、打ち合わせや撮影現場で、何度もそのＫさんを目にしたそうです。

興味本位で、Ｋさんの印象を聞いてみました。

「いやー大木さん、びっくりしました。タレントのＫさん、テレビで見ているイメージと全然違うんです。猫背で、動きは超ゆっくり。話をする時も、小さな声で、ぼそぼそと声を出します。こんなことを言っては何ですが、テレビから感じるオーラのようなものが全然ありませんでした」

なるほど、Kさんは、普段はそんな人なのかと思っていると、友人はこのように話を続けます。

「ところがですよ、撮影の現場でカメラが回ると、Kさんが変わるんです。テレビで見ているような雰囲気でオーラ全開。すごい、やっぱりスターだと思いました。芸能界の第一線で活躍されている方は、たぶん〝スイッチ〟を持っているんですね。その場に応じてスイッチを切り替えることができる。プロだなと思いました」

スイッチの切り替え。実は私も、撮影の現場やイベント会場などで、友人と同じ体験を何度もしてきました。打ち合わせでは、おとなしい印象のタレントさん。しかし本番では、オーラ全開で舞台に立つ。**必要な場面で、必要な役割のスイッチが入る。**

これはタレントや俳優に限ったことではありません。人前に立つ仕事という意味では、先生も同様です。

教育改革にともない、これまでの教える授業に、対話の要素が加わります。これは先生という仕事に、新しい役割が付加されたことを意味します。

生徒の思いを引き出し、生徒同士の学び合いを促す、進行者としての役割が加わったわけです。

必要な役割が増えたのなら、その役割を担うための〝スイッチ〟を増やさなくてはなりません。それがプロの仕事だと思うのです。

こんなことを申し上げるのも何ですが、私は人と話すことがあまり好きではありません。どちらかというと、１人でいることを好みます。普段の私はあまり愛想がなく、気難しい雰囲気を漂わせています。

しかし、対話型授業の講師という役割を担い始めてから、私は新しいスイッチを持ちました。そして生徒たちの前で、必要とされる役割を演じるようにしています。それがプロの仕事だと思うからです。

生徒たちと目線を合わせ、くだけた口調で行う軽快なトーク。必要に応じて弱みも見せます。時折生徒に〝つっこみ〟を入れ、笑いをつくります。その場の思いつきで、楽しく話を脱線させ、場を盛り上げていきます。生徒たちに、そのような自由で楽しい話し合いを、体験してほしいと思うからです。

見下ろすのではなく、目線を合わせる。教えるのではなく、引き出す。そして理解する。一般論を語るのではなく、自分の本音を開示する。

これらは、場の進行者に求められる基本的な態度です。

もし、そのような役割を演じることが難しいと感じられるなら、モデルを見つけることです。対話型のセミナーなどに足を運び、モデルとなる進行者を見つけます。そしてその進行のあり方を、授業に取り入れてみるのです。

この試みも、プロとしてのスキルを養うために、必要なことの1つだと思います。

第３章

生徒の思いを引き出す傾聴の技術

生徒との１対１の対話を想定した、
思いを引き出す聴き方の技術をご紹介します。

傾聴の技術とは

「傾聴」は、カウンセリングやコーチングで使用される、コミュニケーション技術の1つです。相手の話を〝ただ聞く〟のではなく、心の奥にある思いを丁寧に引き出し、相手を深く理解する聴き方の技術になります。

私は約20年前、心理学スクールに2年間通い、カウンセリングを学びました。

そこで培った傾聴の技術を、以前は、博報堂で行うインタビュー調査の中で、7年前からは中高生向けの対話型授業の中で生かしてきました。

傾聴は基本的に、相手との1対1の対話の中で行います。

傾聴の技術を用いた対話がどのようなものか、事例をご紹介します。広告会社で、生活者の本音をひも解くために行う、インタビュー調査の事例です。テーマはお茶飲料の選び方です。

質問者▼「Aさんは、よく○○茶を買ってお飲みになるとのことでした。○○茶の、どんな点が良いと思って、買われていますか？」
Aさん▼「えーと、おいしいからです」
質問者▼「おいしいから。なるほど。それはどんなおいしさか、もう少し具体的に教えていただけますか」
Aさん▼「うーん、なんか、口の中がさっぱりする感じがいいなと思います」
質問者▼「ああ、口の中がさっぱりする感じがよくて、○○茶を飲みたいなと思われるんですね」
Aさん▼「はい、そうです」
質問者▼「ちなみに××茶は、あまり飲まれないとのことでした。どんな印象をお持ちですか？」
Aさん▼「うーん、濃いイメージかな」
質問者▼「××茶は、ちょっと濃いイメージがある」
Aさん▼「はい。あ、えーと、今思ったんですけど、飲んだ後、口の中に苦味が残る感じがしました」

質問者▼「なるほど、以前××茶を飲まれた時、口の中に苦味があった」
Aさん▼「うーん、苦味というか、雑味というか」
質問者▼「そうですか。その苦味のようなもの、雑味のような後味は、あまり良い印象がなかった」
Aさん▼「はい、そうです」
質問者▼「で、口の中に苦味や雑味のない、さっぱり感のある○○茶がいいなと思われるわけですね」
Aさん▼「はい、その通りです」

対話を通して、人の心の動きを言語化し、ひも解いているのがおわかりいただけるでしょうか。

○○茶を選ぶ理由として、はじめは「おいしいから」という抽象的な答えがありました。これが最後には「口の中に苦味や雑味が残らず、さっぱりした感じがあるから」という具体的な言葉に変わっています。Aさんの心の中にある思いを、傾聴の技術によって引き出したのです。

広告会社では、このようなインタビュー調査をよく行います。そして、人の本音や欲求を見つけ、広告メッセージづくりのヒントにしています。

傾聴しながら対話を行う場合、私は、次の５つを意識しています。

①頭の中に画像や映像を思い描き、共感的に理解する
②自分が理解したことを相手に告げる
③イメージを具体化するための質問をする
④相手の思いを汲み、代弁する
⑤あいづちを組み合わせる

先ほどご紹介した事例にも、これらの技術が、たくさん使われています。

例えば、Ａさんからの「おいしいから」という答えに対し、「もう少し具体的に教えていただけますか」と「**③イメージを具体化するための質問**」をしています。

その後、Aさんからの「口の中がさっぱりする感じがいいなと思います」という返事に対して、「**①頭の中に画像や映像を思い描き、共感的に理解**」を行い、「ああ、口の中がさっぱりする感じがよくて、〇〇茶を飲みたいなと思われるんですね」と「**②自分が理解したことを相手に告げる**」ことを行っています。

この傾聴の技術を、私は「企業訪問-CAMP」の授業の中で頻繁に使っています。そして、対話を通して生徒たちの思いを引き出し、理解を深めています。

心に留めておくべき2つの前提

傾聴の技術をお伝えする前に、まず、心に留めておくべき2つの前提について触れたいと思います。

前提の1つ目は、「**人の感性は、一人ひとり異なる**」です。

人は皆、その人ならではの体験の記憶を持っています。容姿や才能など、親から受け継いだ遺伝的な情報も一人ひとり異なります。

各々の中に蓄積されている、異なるインプット情報。そこから生まれる思考や欲求などのアウトプット情報は、異なるものになるのは当然です。発想することも、人それぞれ。百人いれば、百の感性がある。千人いれば、千の価値観があります。

私はこの異なる感性や価値観を、心から尊重したいと思います。

他の誰とも異なる、独自の感性を持つ一人ひとりの生徒たち。そのオリジナリティをしっかり引き出し、理解したい。そんな思いを強く持っています。

この気持ちを抱くのは、生徒のためでもありますし、私自身のためでもあります。生徒たちと丁寧に対話を行っていくと、思ってもみなかった意見に出会うことが、よくあります。それは私にとって、大きな気づきと学びの機会になるのです。

中学2年生の女子生徒と対話を行った時のことです。

その女子生徒に、「楽しいことは何ですか?」と聞きました。彼女は、「本を読むことです」と小さな声で返事をします。

「読書のどういうところが好きですか」と質問をすると、本の内容ではなく、本を読む環境が好きなのだと答えます。それについて、もう少し詳しく教えてほしいと伝えると、彼女はこんなことを語り出します。

「自然があって、1人きりになれる公園のベンチ。私はいつもそこで本を読みます。他者の価値観から解放された自由な時間がそこにはあります。それは、自分の理想や妄想に浸りきることができる時間です。本来の自分が取り戻せる時間。自分の中にある膨大な思考と、広大なこの世界とが通じ合う時間のようにも感じられます。そんなひと時を過ごすことが、私が本当に楽しいと思うことなんです」

囁くように語るこの言葉に、私は引き込まれました。中学2年生でこの感性。心からすごいと思います。

人は皆、素晴らしい個性をすでに持っています。

中学生や高校生でも、それはすでに持っているものなのです。

その個性の光が、外に出て人の目に触れるか、まだ人の目に触れていないか。あるのはそれだけだと思っています。生徒の思いを引き出すということは、その光を知るということです。

この生徒からは、どんな光があふれるのだろう。生徒たちとの対話は、いつも私に気づきと刺激をもたらしてくれます。

対話とは気づき合いです。お互いがお互いを理解することによって、双方に必ず得るものがあります。

生徒は一人ひとり、異なる感性を持っている。だから生徒を、自分とは異なる情報・感性・体験を持つ1人の人間として尊重する。

対話を行う際に抱くべき、基本的な認識だと私は考えています。

前提の2つ目は、「**相手を正しく理解する**」です。

人は皆、異なる感性や価値観を持っています。もちろんそれは、私やあなたとも異なる、その人独自のものになります。

ところが私たちはよく、自分の感性や価値観を基準に、相手を評価し、理解しようとします。そして、自分と合わない考え方を批判し、安易にレッテルを貼ってしまいます。正直に申し上げれば、私も授業の中で、そのような反応をすることがよくありました。

数年前のことです。ある高校2年生の女子生徒に、「将来の夢は、何かありますか?」と質問をしました。彼女は、少しふてくされたように「たくさん寝ること」と返事をしました。

将来の夢は、たくさん寝ること。寝ることは悪いことではありませんが、それが将来の夢とは……。私は少し残念な気持ちになりました。そしてその生徒に「未来に希望を感じていない生徒」と安易にレッテルを貼りました。

授業の終わりに、その女子生徒と再び対話を行いました。

「将来の夢は寝ることと言っていたけど、今はどうかな」

その質問に、「やっぱり、思いっきり寝ることが夢です」との返事がありました。毎日の睡眠時間を聞くと、「3時間」とのことです。

女子サッカー部に所属する彼女。チームではエース的な存在だそうです。毎日全力で部活に取り組み、ヘトヘトになりながら帰宅。食事の後は、学校から出される山のようなプリントに向き合います。

学校の成績は優秀で、そんな彼女に、親は有名大学への進学を望んでいるそうです。親からの期待に応えるため、受験に向けた勉強も行っている。

それらすべてに、全力で向き合う日々。疲れや眠気と戦い、歯を食いしばりながら、必死で毎日を生きている。そして、将来の夢は「たくさん寝ること」。そんな事情を知らない私が貼ってしまった「未来に希望を感じていない生徒」という安易なレッテル。申し訳なさと、自己嫌悪でいっぱいになりました。相手を正しく理解するということの大切さを、あらためて思い知らされた出来事でした。

「平凡が一番」と語る生徒に対しては、「平凡ではなく、もっとしっかり夢を持ったらどうか」との助言を送ってしまったこともあります。実はその生徒は、複雑な家庭環境のもとで育ち、普通の生活に強い憧れを抱いていると、後日担任の先生から教えていただきました。

「何をしている時間が好きですか」との質問に、「別にないです」と答える男子中学生。そんな生徒が、アイデア会議の時間では、びっくりするようなすごい企画を考えることもあります。

何度も何度も失敗を重ね、私はわかったのです。人は皆、違うのだと。

感性、価値観、生活環境、才能など、すべてが違う。だから、すぐに理解することはできないのだと。そして決めたのです。まずは、相手を正しく理解することから始めようと。

ところが、やろうと思うと、これがかなり難しい。慣れないうちは、どうしても自分の感性や価値観を基準に、生徒たちと接してしまいます。

そんな中、試行錯誤しながら見つけた、〝相手を正しく理解する〟ための3つの心がけがあります。参考として、ご紹介いたします。

◎気持ちの力みを手放す。

生徒と対峙する際、つい入ってしまう気持ちの力みを外します。力みの原因は、緊張や恐怖心、生徒に抱いている先入観などです。それらをまずは手放します。

手放す時、私は腹式で息を吐き出し、肩に入っている力を抜き、考えることをやめます。そして景色を傍観するような感覚で、生徒の姿を見るようにしています。自分の気持ちを一度まっさら（透明）な状態にして、生徒のありのままを受け止める準備をするのです。

◎目線を合わせる・リズムを合わせる。

上から見下ろすのではなく、相手と同じ目線を心がけます。物理的な目線だけでなく、心理的な目線も合わせます。話すペースやリズムも、相手に合わせます。大切なのは、同調する感覚です。そうすると、相手の思考や感性が、心にスッと入りやすくなります。

◎急がない。

多くの人が、評価を急ぎ、結論を急ぎ、成果を急ぎます。急ぐと視野が狭くなり、本来視界に入るべきものが入らなくなります。傾聴や対話を行う際は、〝待つ〟という態度が、とても大切です。
急ぐことをやめます。結論を保留します。まずは、〝生徒の今〟にしっかり向かい合うことです。

このような考え方に対し、「そんなことよりも、生徒にもっとしっかり、助言や指導を行うべきではないのか」と思われる方がいらっしゃるかもしれません。

はい、助言や指導は必要です。しかし、それは相手のことを正しく理解した後に行うものです。**「理解してから、理解される」**、これはコミュニケーションの鉄則です。

誤った理解をした相手から行われる、身勝手で威圧的な助言。生徒にとって、これほど嫌なものはありません。

傾聴の技術①

頭の中に画像や映像を思い描き、共感的に理解する

「人は皆、異なる感性を持っている」という認識。「相手を正しく理解する」という心構え。その2つを心に留めながら行う、生徒の思いを引き出す〝傾聴の技術〟。この技術を、左記の5つに要素を分け、ご紹介していきます。

①頭の中に画像や映像を思い描き、共感的に理解する
②自分が理解したことを相手に告げる
③イメージを具体化するための質問をする
④相手の思いを汲み、代弁する

⑤あいづちを組み合わせる

まずは、「①**頭の中に画像や映像を思い描き、共感的に理解する**」についてです。

傾聴を行う際、最も大切なことの1つは〝イメージ力〟だと思っています。相手の思いや状況を、頭の中でイメージとして思い描く力です。相手が言葉を発した時、それを〝言葉〟として受け取るだけでなく、脳内で〝イメージ〟に変換する力と言ってもよいかもしれません。

次に表す2つの言葉。頭の中でイメージの画像を思い浮かべることはできるでしょうか。

「満開の桜」

「真っ黒にこげた焼き肉」

いかがでしょう。頭の中でイメージができましたか。イメージしやすい言葉は、その表すものが具体的です。自分も過去に見たことがあるものは、イメージが浮かびやすくなります。

生徒たちと過ごす対話の時間。私が知らないミュージシャンやアニメ作品などが、よく話題になります。そんな時はインターネットで検索を行い、画像や映像として理解するよう心がけています。また、その画像や映像をテレビモニターに映し、その場にいる全員とイメージの共有を図ることも、よく行います。

漫画や小説などは、画像検索だけでは面白さがわかりません。そこで後日、本を借りて読んだり、ユーザーレビューに目を通したりしています。こんなことも、生徒たちとよりよいコミュニケーションを図るために、必要な取り組みだと思っています。

次にご紹介するのは、先ほどの2つの言葉を、少し詳しく説明した文章になります。より鮮明に、画像や映像を思い浮かべてみてください。

「満開の桜から花びらが、雪のように舞い降りている。その光景に思わず見惚れてしまった」

「友人と焼き肉を食べていた。好きなタレントの話で盛り上がっていたら、鉄板の上のお肉が、すべて真っ黒にこげてしまった」

どのような状況なのか、頭の中にイメージが持てたでしょうか。もしかすると、その現場を目撃し、相手の心情まで察することができたかもしれません。

花びらを見ながら、茫然と立ちつくす相手。

こげたお肉に気づき、あわてて鉄板からとりあげる2人。

このような状況や心情のイメージが持てた時、人は**〝共感的に理解〟**をすることができます。

次の事例はいかがでしょうか。頭の中に画像を思い浮かべてみてください。ある中学1年生・男子からの言葉です。

「先生、僕、テニス部を辞めようと思うんです。だって……、1年生はずっと球ひろいなんだ」

イメージを思い描くことはできたでしょうか。

生徒が、テニスコートの一角にいます。あまり楽しくなさそうに、球ひろいをしています。

この男子生徒の心情にまで、思いを巡らすことはできたでしょうか。

大切なのは、相手の話を〝言葉として理解する〟のではなく、頭の中に〝画像や映像を思い浮かべながら理解する〟ということです。

現場を目撃している感覚が抱ければ、その人の心情まで察することができます。

実際の対話では、生徒の表情や態度、話し方に、イメージづくりのヒントがあります。それらを参考にしながら、イメージを膨らませていきます。

傾聴の技術②

自分が理解したことを相手に告げる

頭の中に画像や映像を思い描くことができたら、次は、自分が理解したことを相手に伝えます。コツは、相手が使った言葉の一部を流用することです。

「先生、僕、テニス部を辞めようと思うんです。だって……、1年生はずっと球ひろいなんだ」

という中学1年生・男子からの言葉。頭の中でイメージを思い描き、自分が理解したことを、相手の言葉を流用しながら、告げ返します。

「ああ、球ひろいばかりなのが嫌になって、テニス部を辞めたいと思っているんだね」

このようになります。

「そっかあ。テニス部に入ったら、ずっと球ひろいなんだね。辞めたいって思うくらい、嫌になっちゃったか」

このような告げ返しでもよいと思います。

相手の言葉を、イメージに変換して脳裏に思い描く。自分の価値観を交えず、自分が理解したことを相手に告げる。そんなコミュニケーションです。

相手から「そうなんです」の言葉が引き出せる告げ返しが、理想です。

「先生、僕、テニス部を辞めようと思うんです。だって……、1年生はずっと球ひろいなんだ」

という言葉に対し、

「何言ってるんだ。この前入ったばかりだろう。すぐ辞めるなんて根性なしか」という批判。

「まあねえ、最初はそんなものよ。大丈夫。がんばれ、がんばれ」というごまかし。

「うーん、では、あと1か月くらい続けてみて、様子をみたらどうかな」という安易な助言。

「なんでそう思うんだ。その理由を、具体的に説明してみろ」という威圧的な尋問。

「そうか、おそらく君はチームプレーというものがわかっていないな」という勝手な分析。いかがでしょうか。

もしかすると、このような言葉が、口からつい出てしまうかもしれません。これらはすべて、相手の思いを、自分の価値観に当てはめながら行うコミュニケーションになります。目指したいのは、相手の思いを尊重し、〝相手を正しく理解する〟コミュニケーションです。

生徒たちは、大人に比べて経験がまだまだ未熟です。判断が甘いことも多く、説明も舌足らずになりがちです。先生は〝教える側〟の役割を担う者として、生徒を正しい道に導きたくなります。

しかし、すべての状況でそのようなコミュニケーションを行えば、生徒はあなたを理解者と感じず、本音を語ろうとはしないでしょう。

アドバイスや指導は大切です。しかしそれは、生徒の状況を正しく理解した後になります。「理解してから、理解される」がコミュニケーションの鉄則なのですから。

繰り返しになりますが、目指したいのは、生徒からの「そうなんです」という返事です。

舌足らずになりがちな生徒からの言葉。それを補いながら、または要約しながら、**相手の状況を相手よりうまく言い当てられること**が目標です。

慣れないうちは、「鏡になる」を意識してもよいかもしれません。

「先生、僕、テニス部を辞めようと思うんです。だって……、1年生はずっと球ひろいなんだ」

という言葉に対して、

「テニス部を辞めようと思うんだね。1年生は、ずっと球ひろいなんだ」

と鏡のように告げ返すやり方です。

そのまま同じ言葉を返してしまうと、会話に違和感が生じます。多少のアレンジは必要です。

個人的には、言葉をそのまま返すのではなく、やはり、「頭の中にイメージを思い描き、自分が理解したことを、相手が使った言葉の一部を流用しながら告げ返す」、この感覚を持ちながら行うことをお勧めします。

次の事例で練習してみましょう。あなたはどのように告げ返しますか。

「満開の桜から、花びらが一斉に落ちていく様子に、思わず見惚れてしまいました」

「この前焼き肉を食べていたら、友人と話が盛り上がり、お肉が全部真っ黒こげになっちゃった」

私ならこのように返します。

「ああ、満開の桜から花びらが……。それはすごい光景だったでしょうね。まるで雪が舞い降りるようだったかもしれませんね」

「あらー、お肉が真っ黒こげ。それはたいへんでしたね。せっかくのお肉がもったいない！って思っちゃいますよね」

相手から「そうなんです！」の言葉を引き出すような、そんな告げ返しが理想です。

傾聴の技術③

イメージを具体化するための質問をする

相手の言葉が抽象的で、頭に具体的な画像を思い描くことが難しい。そのような時は、イメージを具体化するための質問をします。

人は緊張すると、舌足らずになります。中高生の中には、語彙力がまだ高くない子もいます。心を閉ざしがちな生徒は、多くを語ろうとしません。

私　「君は、どんな時に楽しいって感じる？」

生徒「うーん、遊んでる時」

私　「遊んでいる時かあ。ちなみに、どんな遊びをしている時が楽しいかな」

例えば、このようになります。

ここでは、抽象的な〝遊ぶ〟という言葉を、具体化するための質問をしています。

具体化のためとは言え、
「遊んでる時じゃ、わからない。もっと具体的に！」
と威圧的な返し方をしてしまうと、生徒の心は閉じてしまいます。

先にご紹介したように、〝気持ちの力みを手放し〟〝相手に目線とリズムを合わせ〟〝急がない〟、その心がけが大切です。

私はあなたに関心があります。あなたのことを正しく理解したいのです。そんな思いを抱きながら、場合によってはその思いを生徒に伝えながら、私は質問をします。

私　「どんなタレントが好き？」
生徒「えーと、イケメン」
私　「そっかあ、イケメン、いいよねえ。例えばあなたは、どんなタレントさんがイケメンだと思う？」

このように、例え抽象的でぼんやりした言葉であっても、まずはその言葉を受け止めます。その上で、具体化のための質問をするようにしています。それが相手との信頼関係をつくる上で、大切だと思うからです。

イケメン好きな生徒に、「どんなタレントさんがイケメンだと思う？」と質問をした続きです。

生徒「えーと、今ドラマに出ている俳優のMさん」
私「ああ、Mさんかあ。かっこいいよね」
生徒「はい！　私、大好きなんです」
私「そういえば、昔、特撮ヒーロー番組に出ていたよね」
生徒「私、そのころからファンで、ずっとかっこいいって思ってました！」

具体的な言葉が引き出せれば、頭の中にイメージを思い描くことができます。そして、会話のキャッチボールが成り立ちます。生徒との間に〝ブリッジ〟をつくることもできます。

相手が「そうです」と返し、会話のキャッチボールが一度終わる。しかし、相手の真意や状況がまだイメージしきれないこともあります。そんな時は、**質問の角度を変えたり、思考を少し深める質問**をしたりしながら、思いを引き出す対話を続けます。

私　「君は、どんな時に楽しいって感じる?」
生徒「うーん、遊んでる時」
私　「遊んでいる時かあ。ちなみに、どんな遊びをしている時が楽しいかな」
生徒「えーと、バッティングセンターで、ボール打ってる時です」
私　「へえ、バッティングセンターに行って、ボールを打ってる時が楽しいんだ」
生徒「そうです」

ここで会話は一度終わります。しかし、この時の生徒の反応が少し気になりました。そこで、質問の角度を変え、生徒の本音を引き出す（思考を深める）質問を続けます。

私　「ボールを打ってる時って、なんで楽しいんだろうね」

生徒「え？　うーん、むしゃくしゃした気持ちが、すっきりする」
私「ああ、すっきりするんだ」
生徒「はい」
私「ストレスがたまったり、イライラしたりすることがある。そんな気持ちが少し落ち着くんだね」
生徒「はい、学校にいるとムカつくことばかりで……。そんな気持ちになると、よく行きます」
私「そっかあ、ムカつくことがいっぱいかあ。もし良ければ、そのムカつくこと、１つ教えて」

このように、角度を変え、思考を少し深める質問を行う。そうすると、相手との会話がつながり、相手の真意に近づくことができます。

今度は、テニス部を辞めたいと言っていた、中学1年生・男子との会話を想定してみましょう。

「先生、僕、テニス部を辞めようと思うんです。だって…、1年生はずっと球ひろいなんだ」

「そっかあ。テニス部に入ったら、ずっと球ひろいなんだね。辞めたいって思うくらい、嫌になっちゃったかあ」

「そうなんです」

ここで、「ボールは全然打てないの？」と少し角度を変えた質問をします。球ひろいの状況を、具体的にイメージするための質問です。

「いや、全然ってわけじゃないけど……」

「ボールを打つ練習も、時々はあるんだね」

「まあ、はい……」と言いながら、うつむく生徒。

会話は続きましたが、気になる反応がありました。他にも、何か思うことがありそうです。

そんな時は、次にご紹介する技術を使います。

傾聴の技術④

相手の思いを汲み、代弁する

相手が言いにくそうにしている時や、私からの言葉に違和感がありそうな態度をとった時。

そんな時は、相手の思いを汲み取り、心情を代弁する言葉を送ります。


「時々はボールを打つ練習もあるんだね」

「まあ、はい……」と言いながら、うつむく生徒。

気になる反応がありました。他にも、何か思っていることがありそうです。

そんな時は、

「ん？　何か、心に引っかかっていることがあるみたいだね」

このような、**相手の思いを汲み取り、心情を代弁する言葉**を送ります。

「うーん……、あの、他にも嫌なことがあって…」

との言葉が、生徒の口から出てきます。

この言葉が出てくるまで、少し時間がかかるかもしれません。それを待つことも大切です。

「相手を正しく理解する」でお伝えした〝急がない〟が、ここでも生きてきます。

「相手の思いを汲み、代弁する」ために必要なのは〝察する力〟です。相手の様子を注意深く観察し、隠された事情などを、自分の体験にあてはめたり、想像力を働かせたりすることで、推測する力です。

先ほどの事例で言えば、口ごもってうつむく生徒の様子から、「他にも何か、もやもやした思いを抱えていそうだな」と察し（推測し）、その思いを代弁しました。

前項でご紹介した、バッティングセンターでボールを打つことが好きな生徒の事例にも、相手のことを察し、思いを代弁した部分があります。

私が言った、「ストレスがたまったり、イライラしたりすることがある。そんな気持ちが少し落ち着くんだね」という言葉がそれです。

バッティングセンターでボールを打つことが楽しいと話す生徒がいる。理由を聞くと、むしゃくしゃした気持ちがすっきりするとの返事があった。その状況を頭の中で思い浮かべ、むしゃくしゃがすっきりした自分の体験にあてはめ、察し、思いを代弁したわけです。

この対話では、生徒から「学校にいるとムカつくことばかりで……」との、隠れた思いを引き出すことができました。

「相手の思いを汲み、代弁する」という技術には、〝言葉にしにくい隠れた思いを表に出す〟という効果があります。

さて話を、テニス部を辞めたい中学1年生・男子に戻します。

「まあ、はい……」と言いながら、うつむく生徒。その反応を見ながら、何か言いにくいことがありそうだなと察することができます。部活を辞めたい理由は、他にもあるかもしれませんし、今日までに、生徒の中でかなり葛藤があったとも推測ができます。今はとても勇気を振り絞っているでしょうし、思いが言葉にならない歯がゆさも感じていることでしょう。

このような相手の心情を、どれだけ汲み取ることができるか。察することができるか。この力が、傾聴の質を高めるためには、欠かせません。

この生徒と先生の対話は、その後このように続くかもしれません。

男子「うーん……、あの、他にも嫌なことがあって……」
先生「そっかあ。他にも嫌なことがあったんだね。例えば、どんなこと？」
男子「苦手な上級生がいて……」
先生「その上級生のことも、テニス部を辞めたいって思う理由の1つなんだね」
男子「はい……。あっ、うーん……」（言いながら、何かを考えている様子）
先生「何か気がついたことがあったみたいだね」
男子「うーん、あの、先生と話していたら、ちょっと違うなって思ってきた」
先生「え、どんなことが？」
男性「なんか、辞めたいっていう気持ちじゃなくなった気がします」
先生「ええ、そっかあ」

相手の話を聴き、思いを代弁することで、相手が悩みを自己解決することはよくあります。心の中でもやもやしていた悩みが言語化され、悩みを第三者的に受け止めることができるようになるからです。また、張り詰めていた気持ちが、対話を通して和らぎ、冷静さを取り戻すためでもあります。

「相手の思いを汲み、代弁する」という技術は、はじめは難しいと感じるかもしれません。この技術を身につけるには、経験と慣れが必要です。

対話を行い、相手が話す言葉や態度から、事情や心情を察すること。そして、言葉にならない思いがあると感じた時に、相手の思いを代弁してみること。その積み重ねが、技術を養い磨く、一番の近道です。

傾聴の技術⑤

あいづちを組み合わせる・傾聴の効用

傾聴は、心の奥にある思いを丁寧に引き出し、相手を深く理解するための聴き方の技術です。

そのため、これまでご紹介してきた、

①頭の中に画像や映像を思い描き、共感的に理解する
②自分が理解したことを相手に告げる
③イメージを具体化するための質問をする
④相手の思いを汲み、代弁する

の手法を使い、対話を行います。

〝相手の状況を頭に思い描き、理解したことを相手に告げ返す〟が、傾聴の基本です。ただ、告げ返しばかりを行っていると、会話に違和感が生じます。そこで実際に対話を行う際には、「あいづち」を組み合わせます。

あいづちとは、自分の意見を挟まない、言葉での受け答えのことです。

「へえ」

「なるほど」

「ふーん」

「そうですか」

これらを入れながら、会話のキャッチボールを行います。そして、相手の思いが共感的に理解できた時や、言葉で補って相手の本音を引き出したい時などに、②〜④の技術を使います。

カウンセリングの世界では、これら〝傾聴の技術〟を「パッシブ・リスニング」と「アクティブ・リスニング」の2つで整理しています。

「パッシブ・リスニング」は、受動的な傾聴と訳されます。うなずく、あいづちを打つ、相手の思いを引き出す問いかけ、の３つが「パッシブ・リスニング」に含まれます。

「アクティブ・リスニング」は、能動的な傾聴と訳されます。相手の話の告げ返しや、思いを汲んだ代弁が「アクティブ・リスニング」に当たります。

参考として覚えておかれてもよいかもしれません。

この章の最初にお伝えしましたが、私は以前、心理学スクールでカウンセリングを学んでいました。その時、講師を務めていたカウンセラーの先生から、よくこんなことを言われました。

「技術とともに、心を養え」

傾聴で最も大切なのは、〝相手を正しく理解する〟という心構えだと思っています。

人は皆、異なる感性を持っている。その異なる感性を、個性として尊重し、相手を正しく理解する。それを効果的に行うための手段が、〝傾聴の技術〟になります。

さてここで、**「傾聴の効用」**について触れたいと思います。

まず、傾聴の技術を使い、対話が行われると、相手との信頼関係が少しずつ築かれます。

「自分の思いをちゃんと聞いてくれている」「わかってくれようとしている」

相手がそんな安心感を抱くようになるのです。安心からもたらされる信頼関係は、本音の思いを引き出すために、とても必要なことです。

傾聴は、相手と自分との考えのズレを修正するという効果もあります。自分が理解したことを、相手に告げる。すると、「そうです」という反応もあれば、「うーん」という反応もある。「うーん」という反応があった時は、相手と自分との間に、認識のズレが生じているのです。質問をしたり、相手の思いを代弁したりすることで、そのズレが修正できる。これも傾聴の大きな効用の1つです。

また、傾聴は、相手に考える機会を与えます。

相手の言葉をそのまま告げ返したのに、相手が「うーん」となる。実はよくあることです。言葉にはしてみたものの、心の奥に違う何かがある。大切なことを言い当てていない感じがする。その時、相手は考えるのです。心の中を探るのです。傾聴は、相手が心の深い部分に潜り、自分の本心に気づくきっかけをつくります。

傾聴には、慣れが大切です。

はじめは、イメージを言葉で表現することに、難しさを感じます。そして、告げ返す言葉に、違和感を覚えるものです。しかし、場数を踏んでいけば、確実に慣れていきます。

一番大切なのは、〝相手を正しく理解する〟という心構えだと述べました。たとえ技術に足りないところがあっても、その心構えをしっかり持っていれば、思いは生徒に伝わります。そして信頼関係が築かれます。

生徒の思いを引き出す〝傾聴の技術〟、ぜひ取り組んでいただければと思います。

島根県の中学生との対話

「キツネの鳴き声で、夜眠れないんです」

島根県に住む中学3年生・男子、T君の悩みです。

2018年10月に開催した「企業訪問-CAMP」。来社したのは、島根県M市の中学校です。全校生徒は、なんと6人。そのうち3年生の3人が、修学旅行の一環で、先生とともにやってきました。

T君以外の生徒にも、悩んでいることや課題を聞いてみました。

「自力で駅まで行けないことです。家から駅まで、山を3つ越えないといけない。自転車ではムリです」

「コンビニが遠いです。CMでは近くて便利と言っていますが、僕たちが住んでいる地域では、コンビニは遠くて不便なものです」

そんな答えが返ってきました。

「なるほど。東京にいると、絶対に思い浮かばない悩みです。びっくりです。たいへん勉強になります」

頭を下げる私に、少し恥ずかしそうな視線を向ける3人。

「さて、いくつか悩みが出たけど、皆さんの一番の悩みは何だろう？　話し合って、1つ決めてみようか」

私からの問いかけに、生徒たちは顔を近づけ、自分なりの意見を述べていきます。

5分後、彼らから出た答えは「ひまな時にやることがない」でした。

お店、公園、遊べる施設など、自分たちが住む地域には、楽しめるものが一切ない。やることもなく、むなしく毎日が過ぎていく。それが悲しいとのことでした。

「なるほど。まわりに何もないいんだね」

そうです、と頷く3人。

「まわりに何もないから、やることがない」

「はい」

「じゃあ、みんなは何が欲しいと思う？　思いつきでいいから、欲しいものを言ってみようか」

一人ひとりに意見を聞いてみました。

「本屋」「公園」「同年代の友人」と意見が続き、その後しばらく沈黙があった後、T君から「スリル」との声がありました。

「なるほど、スリルかあ。スリルが欲しいんだね」

はい、と返事をするT君。

「それは具体的に、どんなスリルだろう」

「なんかドキドキしたり、うーん、気持ちが高まるっていうか……」

「なるほど。ドキドキとか、気持ちの高まりとか」

「えーと、あっ！　刺激と変化が欲しいです」

刺激と変化が欲しい。その意見に他の2人も強く同意します。


「そっかあ。刺激と変化が欲しいんだね」

「はい」

「じゃあさ、ちょっと想像してみようよ。刺激と変化のある日常。具体的にどんなことをやってみたい？　思いっきり妄想して、それを紙に書いてみよう」

3人はペンを持って紙に向かい、頭の中に何かを思い浮かべては、それを書いていきます。

5分後、それぞれどんなことを書いたのか、聞いてみました。

「木にターザンロープをつくって、ターザン遊びをしたい」

「山の中でサバイバルゲームをやってみたい」

「木の上に秘密の隠れ家をつくって、そこで数日間住みたい」

「森の中で映画の上映会をしてみたい」

生徒たちの口から、思い思いのアイデアが語られます。


「すごいね。いろんなアイデアが生まれました。さて、この中で一番簡単にできそうなものは何だろう」と問いかけると、「映画の上映会」の意見でまとまります。

「森の中で、映画の上映会かあ。いいね。すごく楽しそう」

頷く3人。

「それ、やってみればいいじゃん」

「えっ？」

「スクリーンになる白いシーツ、投影用のプロジェクター、DVDプレーヤー、それから長い延長コードか発電機があれば、できそうな気がするけどな」

そんな私からの提案に、戸惑う中学生たち。

戸惑いの理由を聞くと、自分たちだけで何かを始めることに、罪悪感があるようです。また、必要な備品を役場か公民館で借りる必要があるし、それを運搬もしなければなりません。

「先生、いかがでしょう。ご協力いただけそうでしょうか」

同席していた先生にサポートを頼んでみました。先生は、「喜んで」と笑顔で即答です。


その後、私から3人に、アイデアを実現させるためのヒントを伝えました。

「いいかい、3人がチームになります。チームになって、話し合いをしてください。決めることは今から伝える5つです。
①WHY：なぜ森の中で上映会を行うのか、その理由です。それをあらためて確認してください。
②WHEN：開催日時を具体的に決めてください。何月何日の何時から行うのか、ということです。
③WHERE：実施場所を特定してください。広さやそこに電源があるのかも考慮してください。
④WHO：上映会を開催する際、誰に声をかけるのかを決めてください。
⑤WHAT：どんな映画を上映するのか、そのタイトルを決めてください。
これらをチームで話し合って決めること。そして決めたことを紙に書くこと。文字にしておくこと。

コツとしては、あまり壮大なものを目指さないこと。最初はできて当たり前のことから、小さくやってみる。観客は、ここにいる皆さんだけでもいいよね」

私からの話を真剣な顔でメモをする3人。

「できそう？」と聞くと、生徒たちは顔を見合わせ、頷きます。


「さてみんな、一番の悩みは何だっけ？」

「ひまな時にやることがない」

「今はどうかな。やること、ない？」

「ある。ちょっと忙しくなりそう」

「よかったね。一番の悩み、解決」

キツネにつままれたように首をかしげながらも、キラキラした笑顔をみせる中学生たち。

なかったら、作ればいい。待っているだけじゃなく、自分で動いてみたらいい。

失敗してもいいじゃん。失敗から、すごく多くのことが学べるよ。それが大人になった時、絶対役に立つ。困ったら、人に相談をすること。相談相手は、今日ここで1人見つかったね。

最後にそのようなアドバイスを送り、島根県の中学生たちとの「企業訪問-CAMP」は終了しました。
思い出深い、楽しい時間を過ごした事例となります。ご参考まで。

第４章

話し合いを活性化させる進行と設計の技術

生徒同士の話し合いを想定した、
場の進行と設計の技術をご紹介します。

話し合いは高度なスキル

〝先生と生徒が行う対話〟では、先生の関わり方によって、対話の質を高めることが可能です。

しかし、〝生徒同士が行う話し合い〟では、先生は進行者となり、話し合いには参加しません。どのような話し合いになるのかは、すべて生徒にゆだねることとなります。

生徒同士が行う話し合い。その質を高めるためには、生徒同士の話を活性化させる、進行と設計と技術が必要になるのです。

私が目指したい話し合いは、第1章で述べたように、気づき合いのある話し合いです。

具体的には、博報堂でよく行われる「ブレインストーミング（略してブレスト）」が理想の姿になります。脳（ブレイン）を、嵐（ストーム）のように激しく動かすアイデア会議。雑談のような雰囲気で、本音の意見が飛び交う、刺激的で楽しい話し合いです。私は生徒たちに、このような話し合いを体験してほしいと思っています。

なかなか思い通りにいかないことも、確かにあります。しかし、場の進行や設計の工夫によって、質の高いブレストになることもよくあります。

博報堂の社員が行うブレストと、中高生が行う話し合い。この違いを生み出す要因は何なのか。私が見つけた主な理由は３つです。

１つ目は、**〝話し合いにおけるルール〟の存在**です。

博報堂で行うブレストには、話し合いを進める際の、暗黙のルール（了解事項）がいくつもあります。

例えば、人の意見を批判しないようにしようとか、面白い話題があればどんどん話を脱線させていこうとか。そんな事柄を大切にしながら、話し合いが行われます。気づき合いを生み、発想を広げる、博報堂ならではの了解事項です。

この了解事項を、暗黙ではなく、知識として伝えていく。そうすることで、話し合いは確実に活性化します。（話し合いのルールの詳細は、ｐ・132で詳しくお伝えします）

2つ目は、**蓄積された情報量の違い**です。

人生経験を重ねてきた博報堂社員と中高生。蓄積された情報の量と質は、もちろん異なります。

人に話をするためには、自分の中から何らかの情報を取り出すことが必要です。情報量が少なければ、自分の意見が持ちにくくなるのは当然です。

大人に比べれば、情報の蓄積が少ない中高生たち。しかし、彼らの中に全く情報がないかと言えば、そんなことはありません。これまで生きてきて、楽しいと思えたことや感動したことは、数えきれないくらいあるはずです。

情報量が少なければ、その少ない情報を生かせるような話し合いを行えばいい。そうすれば、場は活性化していきます。

3つ目は、**話し合いに対する慣れ**です。

私が考える、話し合いに必要となる4つの慣れをご紹介します。

①自分の中に意識を向けることへの慣れ

自分の中に意識を向け、意見やアイデアなどを探り、焦点を当てることへの慣れです。自分の内側に存在している情報は、漠然としていたり、一瞬で消えてしまったりします。その情報の存在に気づき、焦点を当てるには、慣れが必要です。

②言語化への慣れ

自分の中に見つけた、何らかの情報。それを人に伝えるためには、言語に変換することが必要です。慣れていないと難しさを感じるものです。

③他者に話すことへの慣れ

自分の考えを言葉にできても、人に話すとなると不安になるし、緊張もします。言いたいことがあったのに、舌足らずとなり、思うように話せない。よくあることです。インターネットへの書き込みはできるけど、人に話すのは苦手。そんな中高生に、これまでたくさん会ってきました。

④他者からの反応を受け止めることへの慣れ

自分が話したことに対する、他者からの反応や評価。それに向かい合い、受け止めることへの慣れです。批判されたり、無視されたりすることが、とにかく怖い。怖いから、あたりさわりのない言葉で、その場しのぎの発言を繰り返す。だから慣れないし、話し合いが活性化しないのです。

あらためて思うことは、話し合いというものは、そんなに簡単ではないということです。お題を決めて、話し合いを指示すれば、自ずと深い学びが得られてしまう。そういうものではありません。

生徒たちにとっては、先ほど述べたような、いくつもの慣れが必要になりますし、養うべき力もたくさんあります。話し合いの進行と設計を担う先生にとっても、緻密な思考力と技術が求められます。

話し合いは、その質を高めようと思えば、高度なスキルが必要になるものである。前提としてまずそのことを、理解しておく必要があります。

進行の技術

〝たくさん考え、絞る〟を伝える

生徒同士の話し合いを活性化させる、進行と設計の技術。まずは〝進行の技術〟のご紹介です。

「企業訪問－ＣＡＭＰ」で行う2時間の対話型授業。博報堂の仕事の説明を行った後は、チームに分かれてのアイデア会議の時間となります。私からお題を出し、まずは個人で考える。その後チームで話し合いを行い、最後は考えたアイデアを発表する。このような流れで行う、仕事の模擬体験をする時間です。

お題を提示した後、私から生徒たちに必ず伝えることがあります。

それは、〝たくさん考え、絞る〟という進め方です。

博報堂の社員が、アイデアを生み出す際に心がけている、最も基本的な了解事項の1つです。

これを生徒たちに伝えることが、考える力と話し合いを活性化させる、進行上のポイントになります。

「生徒たちが、すぐに正解を求めようとする」

そんな悩みを、学校の先生から、よくうかがいます。話し合いの場に限らず、考えたり、意思決定をしたりする多くの場面で、正解を探す態度が見受けられるとのことです。

試験の点数によって評価をされる生徒たち。正解を答えられれば評価が上がり、答えられなかったら評価が下がる。向き合わなければならない多くの科目。そして、詰め込まなければならない膨大な情報。時間がないから、無駄を嫌う。情報が欲しかったら、スマホで検索すればいい。そこには、あらゆる情報が存在している。課題があったら、さっさと答えを見つけ、次の課題に意識を向ける。そんな生徒たちの心理も、よくわかります。

正解があれば、そのような考え方でもよいのかもしれません。しかし一歩社会に出たら、正解がある課題など、ほとんどありません。

〝たくさん考え、絞る〞

それは正解がない課題に向き合い、解決策を見出すための、心構えを示した言葉です。

参考として、私が生徒たちに伝えている内容を、そのままご紹介いたします。

これからチームに分かれて、アイデアを考えていただきます。

最初に、進め方のコツをご紹介します。それは〝たくさん考え、絞る〞というやり方です。

皆さんは、課題が出たら、一直線に正解を探そうとするかもしれない。そして正解らしきものが見つかったら、〝はい終わり〞と思うかもしれない。

でも、私たちは絶対にそれをしない。

なぜか。私たちが向き合っている課題には、正解がないからです。

正解があれば、答えに向かって一直線に進めばいい。でも、私たちが向き合う課題に、そして、皆さんがこれから考えるお題に、正解はありません。

どんな考えやアイデアが良いのか、まずは、いろんな可能性を探ってください。1人でもたくさん考えてほしいですし、何人かで集まって、さらにその視点を広げてください。

たくさん考える時に、私たちが心に留めている言葉があります。それは〝質より量〟です。

よく〝量より質〟という言葉を耳にしますが、アイデアを考える時には違います。まずは数です。

思いつきでいい、小さなことからでいい。まずはたくさん考えてみる。皆さんも、ぜひ、そのことにこだわってみてください。

最初にこのようなことを伝え、アイデア会議がスタートします。

個人で考える時間では、私は生徒たちによく「消しゴム禁止」と伝えます。無意識に〝正しいことを書かなければ〟と思う生徒たち。たくさん考えるという作業の中でも、書いては消す、を繰り返します。ちょっとでも「違う」と思うと、ひらめいた気づきの言葉までをも消してしまう。もしかするとその言葉は、後ですごい発想をもたらすものかもしれないのに。

完璧主義は、自由な発想の障害になります。完璧主義に縛られず、まずは思いついたことをどんどん書いてみる。正しいかどうかにこだわらず、考えたことを自分の外に出してみる。そのような意識が、活気ある話し合いにもつながっていくのです。

個人で考えた後は、チームで話し合いを行います。話し合いによって、考えやアイデアが、さらに広がっていきます。

広げた後は、収束の時間になります。考えたアイデアの中から、よいものを絞り、まとめ、発表をしてもらいます。

すべてのチームの発表を聞いた後、私は次のようなことをよく生徒たちに語りかけます。

> すべてのチームの発表が終わりました。どのアイデアも、とても魅力的で、素晴らしい内容でした。

〝たくさん考え、絞る〟という進め方はいかがでしたか。

たくさん考えることは、最初は無駄に思えたかもしれません。遠回りのように感じたかもしれません。でも、たくさん考えたからこそ、アイデアの質は高まり、納得できるアイデアを導くことができたのではないでしょうか。

はじめに〝正解はない〟ということをお伝えしました。

社会に出ると、〝世の中は正解がないことばかりだ〟ということに気づきます。

どうしたら交通事故が減るのか、どうしたら環境問題が解決されるのか、どうしたら商品が売れるのか。それらに正解はありません。

みなさんが将来、どんな仕事に就けばよいのか、これにも正解がない。

神様が正解を与えてくれれば楽ですが、そんなことは起こりません。自分で探さなくてはなりません。

その時に大切にしてほしいのは、〝たくさん考え、絞る〟というやり方です。

いろんな可能性をまずは探してください。自分の可能性を、まずは広げてください。

そして、いろんな可能性を探った後、あなたが一番良いと思うものを選んでください。

正解がない課題に向き合う際に、覚えておくべき大切な考え方です。

〝たくさん考え、絞る〟

これは生徒たちが、自分の進路を考える際に、指針とすべき言葉でもあると思います。

進行の技術

〝話し合いのルール〟を伝える

博報堂の社員が行うブレストと、中高生が行う話し合い。この違いを生み出す要因の1つは、博報堂特有の〝話し合いにおけるルール〟の存在です。

話し合いを行う前、それを私は、知識として生徒たちに伝えます。この時間を持つことで、話し合いの質が変わります。「企業訪問ーCAMP」を見学した先生からも、参考になります、との感想をよくいただく技術になります。

私がいつも伝えている〝話し合いのルール〟を、その狙いとともにご紹介します。

ルール１：批判をしない。

このルールの狙いは、安全で安心できる場をつくることです。

自分の意見が言えない大きな理由の1つは、批判への恐怖です。どんな意見であっても、批判されることはない。それをルールとして共有することで、誰もが安心して話せる場をつくります。発想を広げるために必要な、少し変わった視点からの意見を引き出す効果もあります。

このルールを、私は生徒たちに、このような言葉で伝えています。

> 博報堂では、話し合いを行う際、人の意見に批判をしません。話し合う課題に、正解がないからです。
>
> 今から行う話し合いにも、正解はありません。だから間違いというものがない。間違いはないから、批判をしない。

人は皆、異なる感性や価値観を持っています。自分とは違う意見が出てくるのは、当然なんですね。

価値観は人それぞれ。批判をするのではなく、違いを尊重しましょう。そして自分ならではの意見を、ぜひ人に伝えてみましょう。

批判をされると、人は傷つきます。傷つくと、また意見を言おうとは思わなくなる。たくさんの意見が出るということが、アイデア会議ではとても大切です。そのためにもこの、批判をしないというルール、大切にしてくださいね。

ルール2：リアクションをする。

このルールの狙いも、安全で安心できる場をつくることです。

発言をする際、批判の恐怖もありますが、無視の恐怖もあります。それを事前に取り除きます。

講義型の授業では、勝手な身動きや個人的な発言には、先生からの注意があります。だから話し合いの時間でも、同じ態度で臨まなければと思う生徒が少なからずいます。それを、このルールを伝えることで、修正します。

リアクションをするというルールは、場に動きをつくり、活気を生み出す効果もあります。

このルールを、私は生徒たちに、このような言葉で伝えています。


批判をされると人は傷つきますが、無視をされても、やはり傷つきます。

せっかく勇気を出して意見を言っても、誰からも何も反応がない。スルーされる。これは大人でも、かなり堪えます。

リアクションをしましょう。

うなずいたり、〝へえ〟や〝なるほど〟などのあいづちを打ったりしてみましょう。

笑顔を向けるだけでも良いかもしれない。ちゃんと聞いているよ。それを態度で示しましょう。共感できる意見が出たら〝それ私も思ってた〟と言ってみましょう。

笑える話があったら、笑いましょう。すごい意見が出たら〝すごいね〟と言ってみましょう。

誰かの発表が終わったら、みんなで小さく拍手をしましょう。そうすると、拍手された相手は嬉しい気持ちになりますし、あなたも話しやすくなります。

ルール3：安易にまとめない。

このルールの狙いは、話し合いの方向を明確化することにあります。

〝まずは全員が、広げる方向に集中して臨もう〟、それをルールとして共有するのです。

話がどんどん拡散していくと、収集がつかなくなるのではないかとの不安がよぎります。そして、ある程度のところで、まとめに走ろうとすることがありますが、それがよくありません。

質の高いアイデアを生み出すために最も大切なのは、どれだけ拡散ができたかです。それを生徒たちに実感してもらうためのルールでもあります。

このルールを、私は生徒たちに、このような言葉で伝えています。

アイデアを考える話し合いには、発想を広げる話し合いと、意見をまとめる話し合いの2つがあります。

まず行うのは、広げるための話し合いです。広げる時は、広げることに集中をしましょう。

良い意見が出たからと言って、安易に結論を出すのは、やめましょう。広げながら、まとめない。まずはいろんな意見を出してみる。

広げる時の話し合いは、思いつき発言、大歓迎です。くだらないと思う意見から、面白いアイデアに膨らむことはよくあります。

質問をするのもいいですね。素朴な疑問が浮かんだら、ぜひそれを伝えてみましょう。

違いを尊重しながら、いろんな意見が飛び交う話し合い。まずはそれを、楽しみながら体験をしてみましょう。

ルール４：メモをする。

このルールの狙いは、〝自分の中に意識を向けること〟と〝言語化〟に慣れることです。ひらめきに意識を向けること。考えたことを言語にして、自分の外に出すこと。このような経験を積むことで、話し合いの質が高まっていきます。

メモにはもちろん、備忘録としての役割もあります。


このルールを、私は生徒たちに、このような言葉で伝えています。


メモをしましょう。

人の意見を聞いて、〝アイデアづくりのヒントになるかもしれない〟と思ったら、忘れないように記録をしましょう。

話をしながら、あなたの頭の中に、何かがひらめくかもしれません。それもぜひメモしてください。
考えたことを文字にしておくと、その文字を見ながら、発想がわいてくることがあります。文字と文字を合体させることで、新しいアイデアが思いつく。これはよくあることです。
メモをする際、きれいな字は必要ありません。消しゴムも不要です。落書きのような感覚で、時に絵を描いたりしながら、記録を残してください。

以上の４つは、どんな話し合いの前でも、必ず伝えることです。
さらに、生徒たちの様子を見ながら、左記の２つを話すこともあります。

ルール５：言いたくないことは、言わなくていい。

自分が考えたことを人に紹介する際、〝これは知られたくないな〟と思うものがあるかもしれません。それは、話さなくて結構です。自分の心の中にしまっておいてください。

このルールの狙いは、安全で安心できる場をつくることです。

ルール6：聞いている人を意識しながら話す。

話をする際、聞いている人が聞き取れる声の大きさで、そして速さで、話をしてください。聞いている人は、メモをしながら話を聞きます。聞いている人の様子を見ながら、少しゆっくりしたスピードで話をしてください。

このルールによって、人に話をする際の基本的なマナーを伝えます。自らモデルとなって、聞き取りやすい話し方を実演することが大切です。

授業の最後に行う、振り返りの時間。生徒から、「話し合いのルールがあったので、安心して話すことができました。楽しかったです」との感想をよくいただきます。

活気のある創造的な話し合いにしたいなら、安全な場をつくることです。批判されないことがルール化された場。違いが尊重される場。話を聞いてくれた相手から時折〝すごいね〟という言葉が告げられる場。

〝話し合いのルール〟を共有し、そんな場を丁寧につくることが必要となります。

進行の技術

〝脱線OK！〟を伝える

話し合いの時間を10分以上確保できる時は、もうひとつルールを付け加えます。〝脱線OK！〟のルールです。

博報堂の社員が行うブレストは、よく話が脱線します。

新商品開発がテーマの話し合いで、突然、最近観た映画の話になる。県の観光PRを考える話し合いで、社員が参加した滝行修行の話題で盛り上がる。このような脱線は、よくあることです。

自由な空気に満ちた、刺激と気づきにあふれる話し合い。それは、決められたことを決められたように話す、予定調和の話し合いとは、別のものです。

「ごめん、全然関係ない話していい？」

誰かが言い出す、そんな言葉。私たちは、目をキラキラさせながら「もちろん」と答えます。一見関係がないと思われる話の中に、発想のヒントや、解決のカギが含まれていることが多いからです。

本線から少し外れたところに、思いもよらない解決の糸口がある。私たちは経験を通して、そのことに気づいています。

〝脱線ＯＫ！〟、このルールを、私は生徒たちに、このような言葉で伝えています。

あともう1つ、皆さんにお伝えしたいルールがあります。

それは〝脱線ＯＫ〟ということです。

今から話し合いを行いますが、途中で話が脱線してしまって、結構です。

例えば、考えるテーマとは関係のない、ゲームの話、恋愛の話。その話に火がついて、盛り上がってしまうのはＯＫです。

ふと思いついた、素朴な疑問。ちょっと関係ないかもと思っても、ぜひ質問をしてください。そこから発想が広がったり、解決のヒントが見つかったりすることが、よくあるからです。

アイデア会議の際、決められたことを、決められたように話す話し合いほど、つまらないものはない。

脱線しながら、想像を膨らませてみましょう。

妄想したことを、連鎖させてみましょう。

異なる話が結びつくことで、新しいアイデアが生まれます。それをぜひ体験してみてください。

この話をするかしないかで、話し合いの雰囲気はかなり変わります。

笑い声が生まれやすくなりますし、本音の意見も出やすくなります。本気で納得できるアイデアを生み出そう、そんな空気も生まれてきます。

デメリットは、脱線をすると、話し合いの時間が長くなるということです。

脱線ばかりして、肝心のアイデアが思いつかない、ということも稀にあります。もしそのことが心配でしたら、予防策として、話し合いのテーマを書いた紙を、チーム内の目立つところに置いてください。こうしておくと、脱線しても本線に戻りやすくなる効果があります。

進行の技術

大きな鉄球を転がすイメージを持つ

生徒たちと行うアイデア会議で、私はよく、大きな鉄球を転がすイメージを持ちながら場の進行を行っています。止まっている鉄球を動かすには、はじめにこちらから、力を加えることが必要です。

まずすることは、進行者としてのスイッチを入れることです。そして自らモデルとなり、話し合う場の雰囲気を、言葉と態度で生徒たちに伝えます。

お題を話す時は、声に張りをもたせ、少し高めのテンションで行います。お題に対する関心を刺激するような、短い会話や質問を行うこともあります。

その後〝たくさん考え、絞る〟という進め方を、生徒の心に訴えかけるイメージを持ちながら、紹介します。それらの時間を通して、生徒たちの意識に力を加え、動きを作るのです。

チームで話し合いをする前に、私は必ず、個人で考える時間を設けます。チームという大きな鉄球を動かす前に、まずは個人での動きをつくるのです。

お題に沿って、各自が考える時間の前には、必ずメモをするよう伝えます。

「紙を1枚とろう。そしてペンを持とう。消しゴムは使用禁止」

張りのある声で、強く短い指示をします。集中力を欠いていた生徒も、体を動かす言葉には反応をします。

「考える時間は5分間です。10個を目標に書いてみましょう」

作業の集中力を高めるため、制限時間と目標数を伝えます。

ペンが止まっている生徒のために、考えるヒントや具体例も示します。

「すごいことを書こうと思わない。質にこだわらない。小さなことでいい。書けることから書く。〝質より量〟を意識してください」

そんなアドバイスを送ります。

悩んでいた生徒が何かを書き始めたら、「いいね」と声をかけます。たくさん書いている生徒がいたら、「すごいね！」と褒めてあげます。そして生徒の背中を押していきます。

個人作業の後は、チームでの話し合いです。話し合いの前は、緊張感が高まります。鉄球が楽しく転がるためには、安全な場が必要です。

そこで、先ほどご紹介した〝話し合いのルール〟を伝えます。そして、話し合いの障害となる不安要素を取り除きます。第1章で紹介したアイスブレイクも行います。

話し合いが始まり、チーム単位で鉄球が動き出します。〝話し合いのルール〟によって、批判されないことが約束された場。それが実感できるに伴い、各々が自由に発言を行うようになります。しだいに笑い声も生まれます。

話し合いが行われている間、私はできるだけ会場の中を歩きます。そして、それぞれのチームの様子を確認します。

鉄球は、その転がり方によって、大きく3つに分けることができます。

1つ目は、自走している鉄球です。ルールのもと、楽しく話し合いが行われています。

このような鉄球には、基本的に力を加えません。話し合いに首をつっこめば、ブレーキをかけることになるからです。

２つ目は、動けなくなってしまった鉄球です。そんな鉄球を見つけたら、声をかけに行きます。

これまでにどんな話が出ていたのかを確認し、〝傾聴の技術〟を使いながら、話を引き出します。そして、話し合い方の見本を示し、話し合うきっかけをつくります。

３つ目は、ルールから外れた鉄球です。誰かへの批判が行われていたり、話し合いの途中で、安易に結論を出そうとしていたりする。そんな鉄球があれば、しっかり介入し、方向を正してあげます。そしてルールの確認を行います。

自走している鉄球には微笑みを送る。
動かなくなったら力を加える。
ルールから外れていたら、外れていることを伝える。
場全体に意識を向け、そのようなコントロールを行っていきます。

話し合いに慣れていない生徒が多い場合、鉄球は大きく重くなります。慣れてくるにしたがい、小さく軽くなります。大切なのは、はじめに、どれだけ丁寧に力が加えられるかです。手を抜かず、心をこめること。それがその後の、話し合いの場の活性化につながります。

設計の技術

段階的な場の設計を行う

〝進行の技術〟の次は、進め方の手順を考える〝設計の技術〟のご紹介です。

話し合いの進め方を設計する際、私は常に〝段階的に〟を意識しています。話し合いのテーマが難しいものであればあるほど、段階的であることが重要になります。

段階的な設計を行う際、私はよく**〝自転車のギア〟**をイメージします。走り始めは、ローギア（1速）からスタートをする。動き出して、ペダルが軽くなったらギアを1段上げる。少し走り、また軽くなったら、さらに1段上げる。そして最終的にトップギアに至る。このような設計のあり方です。

ギアのタイミングが早すぎたり、一度に数段上のギアを入れたりすると、ペダルが重く感じられます。スムーズに進まないと思ったら、その時は無理をせず、ギアを一度下げる。そのような配慮も必要です。

段階的な設計を行う際に、意識しているポイントは3つです。

◎簡単なものから始める

◎考える足場ができたら、次に進む

◎同時に複数のゴールを示さない

「自分たちが住む地域の課題」を話し合いのテーマにしたと想定し、段階的な設計のポイントを解説していきます。

「自分たちが住む地域の課題」というテーマは、中高生にとって、非常に難しいものです。「地域の課題」が、生徒たちにとって身近ではないからです。

これをそのまま、話し合いのお題として投げてしまうのは、無茶ぶりというものです。「自転車のギアを、トップ（最も重いギア）に入れて走り出せ」と言っているのと同じです。その話し合いは、きっと重い沈黙の時間に包まれることでしょう。

このような難しいテーマの場合には、生徒たちが考えやすい〝簡単な問い〟から入る設計をします。一番軽いローギアからスタートをするよう心がけます。

「自分たちが住む地域の課題」というテーマは、生徒たちにとって難しい。ならばまずは、自分たちが住む地域がどんなところか、思い出すことから始めてはどうだろう。私ならこのように考えます。

「自分たちが住む地域の課題」ではなく、まずは考えやすい「自分たちが住む地域」に焦点を当てたわけです。

難しい課題は、分解をする。〝簡単なものから始める〟ための、コツの１つです。

「自分たちが住む地域を思い出す」という最初の問い。

まずは個人で考えます。自分の家の近くの風景を、一人ひとりが頭の中に思い浮かべます。思い浮かべたら、その印象を、言葉にして紙に書いてもらいます。

生徒によっては、言葉にすることが難しく感じられるかもしれません。そんな時は事例を示し、書きやすくするサポートをします。

個人で考えた後は、話し合いです。まずは個人で考え〝考える足場ができたら、次（話し合い）に進む〟わけです。

時間配分は、個人作業は3分間から5分間。話し合いは、10分間を目安にしています。脱線による盛り上がりを狙う場合、話し合いの時間は、もう少し長めに設定します。

チームの人数は、私は3人〜4人を基本にしています。人数が多くなると、緊張感が増しますし、1人あたりの話す時間が減ります。ペアになると、たくさんの意見に触れることができないという弱みがあります。

話し合いによって、自分たちが住む地域のイメージが、具体的に持てるようになりました。考える足場ができました。

次は、テーマに立ち返って「地域の課題」について、考える時間を持ちます。ここでも、話し合いの前に、まずは個人で考えます。話し合うための準備の時間を設けます。

課題を考えるとなると、難しさを感じてしまう生徒もいます。そんな時は、〝簡単なことから始める〟を意識したアドバイスを送ります。

「課題を考える時に大切なのは、〝あなたが何を嫌だと感じるか〟です。〝もっとこうなったらいいのに〟そんな思いはありませんか。小さなことでいい。簡単なことでいい。人の意見は気にしない。一般論はいりません。あなたが思いついたことを、自由に書いてみましょう」

書きやすいことから書いていくと、しだいに思いつくことが増えていくものです。

このような段階的な手順を踏んでから、「自分たちが住む地域の課題」について、話し合いを行います。きっと、気づき合いのある、良い話し合いになるのではないかと思います。

〝同時に複数のゴールを示さない〟も、段階的な設計を行う際の、大切なポイントです。

「地域の課題と地域の魅力、その2つを、それぞれを紙に書き出してください」

例えば、このような指示をすると、多くの生徒の思考がストップします。

これは「異なる目標に向かって、同時に走り出せ」と言われたようなものだからです。意識が両方に向いてしまい、身動きが取れなくなってしまうのです。

考える課題が複数ある場合、それらを1つずつ順番に示すことが大切です。まずは、地域の課題を考える時間を設け、その後に、地域の魅力を考える時間を設けます。

1つがクリアできたら、次に進む。場の設計を行う際に、常に心がけていることです。

まずは簡単なことから始める。そして、成功体験を重ねながら、1つひとつ段階的に前に進んでいく。場の設計に限らず、対話型の授業全体を通して抱くべき、大切な考え方だと思っています。

設計の技術

主観で語れる問いを立てる

「簡単なものから始める」といっても、どんな問いが生徒たちにとって簡単なのか、問いの立て方は意外と難しいものです。

私が心がけていることは、〝主観で語れる問いにする〟ということです。一般論ではなく、「私はどう思うか」によって語ることができる問い。自分の体験情報が生かせる問い。自分ごと化ができる問いです。

例えば、飲料の商品開発をテーマに、生徒たちが話し合いを行うとします。最初の問いを〝主観で語れる問い〟にしたい。私がよく投げかけるのは、「自分がお店でよく買う飲料を思い出し、いくつか書き出そう」というものです。これなら全員が、簡単に書くことができます。

その後、「その飲料の特徴や魅力を、具体的に書いてみる」という問いを示します。

学校のPRをテーマにする時は、「自分が思う学校の魅力って何だろう（例えば、行事・設備・人など）」を、最初の問いに掲げます。

スマホアプリのアイデアをテーマにする時は、「自分が感じる、学校や日常での不便や不満」を書き出すことから始めます。

考える手がかりは、いずれも、自分の体験の記憶です。

〝楽しいと感じること〟や〝欲求〟も、主観で語れる問いになります。「企業訪問-CAMP」のアイデア会議でも、よくこれらを、最初の問いとして設定します。

『中学生が行きたくなるお店のアイデア』や『高校生がワクワクを感じるイベントのアイデア』など、中高生をターゲットとしたアイデア会議では、「自分が楽しいと感じること（または欲求）を、たくさん書き出そう」が、生徒たちに投げかける最初の問いになります。

まずは個人で、楽しいと思うことや欲求を書き出します。その後、それらをチームの中で紹介し合います。楽しいことや欲求についての、たくさんの意見が交わされる話し合い。よく共感の声や笑い声が起こります。その後に行うアイデアづくりでは、やりたいことや実現したいことなどの思いが熱く語られ、いつも活気にあふれます。

生徒が話し合いに慣れないうちは、〝楽しいこと〟や〝欲求〟のように、気持ちが前向きになるような主観で語れる問いから始めることをお勧めします。話し合いに対する抵抗が減り、話し合う意義や魅力を、楽しみながら実感できるようになるからです。

博報堂の社員が行うブレストと中高生が行う話し合い。その違いを生み出すものの１つは、人に蓄積された情報量の違いだと、第４章のはじめに述べました。そして、保有する情報量が少なくても、すでに保有している情報を生かす問いを立てれば、場は活性化するとも述べました。主観で語れる問いは、そのような問いになります。

設計の技術

話し合いを収束させるコツ

「広がった話を収束させることが難しい。コツはありますか？」

先生からよくいただく、質問の1つです。

私が行うアイデア会議のゴールは、チームごとの発表です。そのため、広がったアイデアを絞り、発表に向けて、まとめる作業が必要となります。

「企業訪問-CAMP」で行うアイデア会議には、現在30種類以上のプログラムメニューがあります。そのプログラムごとに、発表の内容は異なり、収束のさせ方も変わります。ただ、多くのプログラムに共通する、収束時の留意事項というものがあります。その内容を参考としてご紹介いたします。

まず、生徒たちが行いがちな、あまりよくないまとめ方（発表の内容）と、その原因を見ていきましょう。

◎話し合ったり考えたりしたことを、すべて盛り込もうとする。

〝まとめる〟ことに意識が向きすぎ、〝絞る〟ことの理解が不足しているとこのようになります。

◎アイデアを絞ったり選んだりすることに抵抗を感じ、収束ができない。

アイデアを考えた一人ひとりの気持ちを考えすぎると、選ぶこと（捨てること）ができなくなってしまいます。そして思考がストップします。

◎話し合いでは、脱線しながらユニークな視点がたくさん出ていたのに、まとめようと思うと面白味のない無難なものに落ち着いてしまう。

見学している先生の顔色が気になったり、「良い答えにしなければ」との思いが強くなったりすると、このようになります。

◎１つ選んだら、それで終わり。

テストと同じ感覚を持って臨むとこうなります。アイデアを考える時間に、終わりはありません。アイデアをさらに良いものにしていくための貪欲な姿勢を、私は生徒たちに求めています。

これらの課題を解決するため、私は、収束の時間に入る際、生徒たちに次のような指示やアドバイスを送ります。


これから、発表に向けてアイデアを絞り、まとめる時間に移っていきます。

発表するアイデアは、1チーム、1つです。発表時間は1分間です。

たくさん出された意見やアイデアの中から、焦点を当てるものを選んでください。絞ってください。

絞るコツは、柱になるものを1つ決めることです。

まず、たくさん出されたアイデアを、柱となりそうなものとサブ的なものに整理してみます。そして、柱となりそうなものの中から、中心となる強いものを1つ選びます。

柱を選ぶ時に大切なのは、話し合いの時に、心が強く動いたかどうかです。笑いが起こったもの、テンションがあがったもの、共感が得られたものなどは、柱の有力な候補になります。人の心を動かす要素が、そのアイデアの中にあるからです。

発表の際、無難なアイデアは全く望んでいません。現実的かどうかにも、あまりこだわらないでください。

今までにない新しいもの、みなさんならではの斬新な切り口、常識をぶっこわすようなもの。そのような発表を強く望んでいます。

柱となるものが決まったら、それで終わりではありません。アイデアをさらに魅力的に、具体的にしてください。

例えば、柱に他のアイデアを肉付けしたり、かけ合わせてみたりしてください。

異なるアイデア同士の〝かけ算〟によって、新しい発想やひらめきが生まれることはよくあります。時間が許す限り、そのような話し合いを行ってください。

次に、収束の時間の進め方について、意識していることを3点お伝えします。

（1）絞ることと、まとめることを分ける。

収束は、拡散以上に難しい作業となります。

収束をさせる際、私は、〝絞ること〟と〝まとめること〟を分けて、作業指示をすることが多いです。難しい課題は分解することを、いつも心がけています。

まずは、先ほど紹介した指示とアドバイスを生徒たちに伝え、絞るための話し合いを促します。時間の目安は、5分間から10分間です。

絞る話し合いの後は、発表に向けてのまとめの時間です。これを別途設けています。時間は5分間が目安です。

（2）発表のポイントを伝える。

まとめの時間の前に、〝発表のポイント〟を生徒たちに伝えます。発表の際に話してほしいことを、3つに絞り、事前に生徒たちに示すのです。

例えば、新商品開発やイベントなどをテーマにする場合、次の3点を発表のポイントとして示します。

①タイトル（どんなアイデアなのかを一言で表現する）
②ターゲット（どんな人が特に関心を持つのかを具体的に考える）
③一番のウリと他の具体的なアイデア（具体的なアイデアは、まず一番のウリから発表する）

このようなポイントを事前に伝えておくと、発表はわかりやすくなり、進行もスムーズになります。

（3）発表のガイドをしながら、まとめるサポートを行う。

絞る時間とまとめる時間、合わせて約15分間。この時間では、アイデアがまとめきれないチームもよくあります。そのようなチームがあることを想定し、発表の際は、まずは私が進行役を担い、発表の仕方をガイドしたり、アイデアをまとめるサポートを行ったりします。

最初の発表チームに対し、「まず、イベントのタイトルを教えていただけますか」と声をかけ、ガイドをします。考えがまとまっていない場合には、生徒たちに質問をしながら、話し合ったアイデアを引き出します。この時、第3章でご紹介した「傾聴の技術」が役に立ちます。生徒たちの発言から理解したことを、わかりやすく言い換えてみたり、舌足らずな部分を、思いを汲みながら補ったりする。そして、生徒たちのアイデアをわかりやすく整理していきます。

このようなガイドやサポートを行うことで、生徒たちは、まとめ方や発表のコツをつかみます。そして3チーム目くらいになると、私のガイドなしでも、わかりやすい発表が行えるようになるのです。

頭に浮かぶものをそのまま書くワーク

生徒たちの様子を見て、「話し合いに苦手意識がありそうだな」と感じる時に行う、簡単な導入ワークがあります。

それは「頭に浮かぶものをそのまま書く」というワークです。

人は常に頭の中で何かを考えています。それを意識でとらえ、言語化し、紙に書き出すという内容です。話し合いの活性化を目的に、準備運動のような感覚でよく実施をしています。

ワークを行う際、まず、生徒たちにこのような話をします。

「さて皆さん、ペンを持ちましょう。そして紙を1枚取ってください。

これから紙に、あることを書いていただきます。それは、〝今、あなたの頭に浮かぶもの〟です。

今、あなたの頭の中に、どんな考えやイメージが存在していますか。

意識をあなたの内側に向けてみましょう。そして頭をよぎるものに、焦点を合わせてみましょう。

そこでとらえたイメージや考えを、言葉にして、紙に書いてみましょう。書ける人はたくさん書いてみてください。では、お願いします」

すぐにペンを走らせる生徒もいますが、半数近くが、戸惑いの表情を浮かべます。

次に、このようなアドバイスを送ります。

「書くことはどんなことでも結構です。この紙は、人には見せません。

コツは、頭に浮かぶことをそのまま書くことです。

もし、何も浮かばないと思ったのなら、そのまま〝何も浮かばない〟と書いてください。

面倒だなと思ったのなら、〝面倒だな〟と頭に浮かんだことを、そのまま書くのです。

大切なのは、意識をあなたの内側に向けることです。

そして何かの思いや考えをつかみとり、それをそのまま言葉で書くことです」

このことを伝えると、ほとんどの生徒が手を動かし始めます。その様子を見ながら「目標は、3分間で、3つ以上書くこと」と伝えます。

3分たったら、ペンを置くように指示をします。個人差はありますが、ほぼ全員が、時間内に3つくらいは書くことができます。

この後は、発表の時間を持ちます。1人1つずつ、書いたことを話してもらいます。「緊張している」「眠い」「なぜこんなことをするのだろう」「外から自動車の音が聞こえてくる」など、様々な思いが述べられます。

言葉がかぶることも、もちろんあります。

例えば「難しい」という言葉は、複数の生徒から出やすいものです。そんな時は、第3章でご紹介した〝傾聴の技術〟を使い、生徒の意見を引き出していきます。

どんなところが難しかったかな、と質問をすると、

「こんなこと、やったことがないし、慣れていない」

「何かは考えているんだけど、それを言葉にできない」

「こんなことを書いていいのかなと、迷いがあった」、などの意見が出てきます。

思いを丁寧に引き出すと、皆、異なる意見になります。

このワークを行う時は、基本的にすべての生徒から話をしてもらいます。全員から異なる意見が述べられたことを確認した後、私はよくこんな話をします。

「ねえ、すごいと思わない？　同じ学校の、同じ学年の皆さんが、同じ場所で、同じ景色を見ている。でも、考えていることは全員違う。

これね、他の学校の生徒と行っても、いつも全員違うんです。人は皆、感性が違うという証拠です。

これまで十数年間生きてきて、あなたと全く同じ体験をしてきた人は、誰1人存在しない。遺伝的な情報も、家庭環境も、全員が違う。だから、考えることや感じることが違っていて、当たり前なんです。

一人ひとりが、唯一無二の存在。そのことを、覚えていてね。

この後は、みんなでアイデアを考えていく時間になります。

一人ひとりの感性は違うということを理解して、人の意見は尊重してね。そして、何か思いついたら、ぜひ意見を言ってみましょう。それはあなたしか思いつかない、貴重な意見になるからね」

ワークを行い、このような話をすると、生徒の態度が明らかに変わります。話を聞く表情が真剣になり、自発的にメモをする生徒も出てきます。一言で言えば、〝主体的〟になります。

何かを考えている、自分という存在。無自覚だったそのことを、ワークを通して自覚する。そして、自分の意志が鮮明になっていく。

話し合いに必要な、「自分の中に意識を向けること」と「言語化すること」に刺激を受けた生徒たち。話し合いの質は高まり、場は活性化します。これが「頭に浮かぶものをそのまま書く」というワークの狙いです。ぜひお試しください。

第５章

深い学びを促す体験ワーク

博報堂の仕事からヒントを得た
体験型のワーク事例をご紹介します。

得意先の課題を解決するための企画やアイデアを生み出す博報堂の仕事。課題の原因を分析する力、多様な視点で物事を見る力、発想する力など、たくさんの力が必要になります。

「企業訪問-CAMP」のアイデア会議では、これらの力を、体験を通して学ぶ時間を必ず設けています。アイデア会議の中心ともいえる、思考法や発想法を学ぶ体験ワークの時間です。**このワークと生徒同士の話し合いを組み合わせる**ことで、学びは深く、そして実践的になります。

本来は、アイデア会議の流れの中で行うワークたち。ただ、ワークの中には単独で実施できるものもありますし、ワークだけを取り出し、他の授業プログラムに転用しやすいものもあります。そのようなワーク事例を6つご紹介します。

学校の授業で実践する際の参考として、楽しさ、学び度、簡易さを★の数で示しました。
（★の数は、アイデア会議のお題など、考えるテーマによっても変わってきます。）

いろんな視点で考えてみる

楽しさ★★
学び度★★
簡易さ★

この「いろんな視点で考えてみる」は、多角的に物事を見る力を養う体験ワークです。発想を広げるためのミニワークとして実施することもあります。

「いろんな視点で考えてみる」とはどういうことか、次の質問に答えてみてください。

ここに透明なグラスが1つあります。そのグラスに、水が7分目くらい入っています。この水の量を、あなたならどのように表現しますか。

そのまま、7割くらいと表現するかもしれません。少し揺れてもこぼれないくらい、と表現できるかもしれません。

博報堂には、言葉で物事の魅力を表現する、コピーライターという職種があります。キャッチコピーやＣＭのセリフ、商品の名前など、言葉に関する様々な表現を生み出します。

コピーライターは、その対象物の魅力や状況を、多角的な視点でとらえ、表現を試みます。

７分目くらいの水が入ったグラス。例えばコピーライターのＩさんは、このように発想を広げます。

・砂漠で飲んだら、死ぬほど美味しく感じるくらい。
・水をあげたら、花が喜ぶくらい。
・海に流したら、わからなくなってしまうくらい。
・３㎞ランニングした後に、飲み干したくなるくらい。
・寝起きにちょうどいいくらい。
・涙でためるのは、たいへんなくらい。

いろんな視点が持てるということは、いろんな答えが見つかるということです。

たくさんの視点を持って、考えを広げる力を身につける。そうすれば、課題を解決する選択肢を広げることができます。

この「いろんな視点で考えてみる」というワークは、『○○の新しい魅力を伝える』をテーマにしたアイデア会議の中で、よく使用します。

○○にあたるものは、チョコやお茶など具体的な商品を対象にすることもあれば、公園や雨の日、自分が住む地域など、商品以外を対象にすることもあります。

これらの良さや魅力を、いろんな視点で考える際に、このワークを行います。

ここでは「公園の良さ」を例に、進め方のご紹介をします。単独のミニワークとして実施することもあるお題です。

最初は個人作業の時間です。「公園の良さ」について、各自が紙に、思いついたことをたくさん書き出していきます。時間は5分間が目安です。

次に話し合いの時間を設けます。チームに分かれ、書いたことを順番に紹介していきます。他者からの多様な意見に触れることで、「公園の良さ」に関する視点が、かなり広がります。

このワークの本番は、ここからです。

その後、私から生徒たちに〝視点を広げるためのヒント〟を伝えます。そのヒントを参考に、視点をさらに広げ、再度「公園の良さ」を考えるのです。

ヒント1：いろんな場面や時間をイメージする。

場面や時間について具体的な状況を設定し、その時に感じる公園の良さをイメージします。例えば、試験の点数が悪くて落ち込んだ時、思いっきり体を動かしたい時、突然雨が降ってきた時、好きな人に告白をする時など。そんな場面や時間を思い描き、公園という場所が持つ魅力や良さを想像してみます。

風呂上りだとどうか、満月の夜だとどうか、友達とカードゲームで遊ぶ時ならどうか、など。自分の普段の生活を振り返り、特定の場面や時間を切り取ります。そして、それらと公園とを頭の中で結び付け、連想や妄想の力を駆使しながら、「公園の良さ」を見つけるのです。

ヒント2：いろんな人を想定してみる。

自分以外の誰かを想像し、その人が感じるであろう「公園の良さ」を考えます。

赤ちゃんにとっての公園の良さとは何だろう。その子のお母さんは、公園にどんな良さを感じるだろう。忙しいサラリーマンや買い物途中のおばあさんは、公園のどんなところに魅力を感じるだろう。相手の立場に立って、公園の良さを想像します。

慣れてきたら、考える相手をどんどん広げ、発想を飛躍させます。

日本の公園をはじめて見た外国人は、どんなことに驚くだろう。もし織田信長が生きていたら、公園にどんな感想を持つだろう。好きな漫画の主人公が、公園を舞台に活躍をしているとしたら、どんなシーンが思い浮かぶだろう。

具体的な人をイメージし、その人の視点に立ち、楽しく妄想しながら、公園の良さを考えていきます。

ヒント３：人以外を考えてみる。

人以外、例えば猫にとって、公園はどういう存在だろう。カラスや蜂にとって、公園はどんな良さがあるのだろう。

公園にある〝砂〟を擬人化してみる。砂さんにとって、公園とはどういう存在になるのだろう。公園のブランコは、公園をどのように見ているだろう。

〝学校の校庭〟を擬人化してみる。校庭さんが、公園さんに嫉妬している。どんな点にうらやましさを感じているのだろう。

発想を飛躍させ、想像をどんどん膨らませていきます。

考えるヒントは他にもたくさんありますが、「公園の良さ」をお題にする場合、中高生に提示するのは、この3つになります。

これらのヒントを紹介した後は、再度個人で考える時間を持ちます。時間は5分間です。その後、チームの中で考えたことを紹介し合います。はじめに行った話し合い以上に、様々な気づきが生まれます。笑い声や驚きの喚声もよく起こります。

単独のミニワークとして行う場合は、最後に、チームごとにユニークな視点を数案発表してもらいます。

『○○の新しい魅力を伝える』をテーマにしたアイデア会議の中で行う場合には、このワークの後に、次のようなことを行います。

・魅力を伝える目的を決める。（例えば来園者数の増加など。こちらで指示する場合が多いです）
・伝える相手を決める。（どんな人の心を動かしたいのか、ということです。これはチームごとに決めてもらう場合が多いです）
・伝える相手をイメージしながら、魅力や良さの収束を行う。（ユニークなアイデアに収束されるよう、p.162、163のような助言を行います）
・絵やキャッチコピーで、魅力を表現する。（時間に余裕がある場合に行います）
・チームごとの発表。

私たちは広告メッセージを考える際、対象となる商品・サービスの良さや魅力を探します。商品を購入した人が感じている良さ、ライバル商品がその商品に抱く嫉妬の気持ちなど、視点を広げながら、発想を広げます。

良さを探すことに慣れていくと、〝人が持つ良さや魅力〟に気づきやすくなります。また、何気ない日常や苦しい場面においても、学びや幸せを感じ取れる感性が育ちます。

別のもので例えてみる

楽しさ★★★
学び度★
簡易さ★★★

この「別のもので例えてみる」は、全体を俯瞰する力と、抽象的なものを具体的に表現する力を養う体験ワークです。準備運動的なミニワークとして、よく実施をしています。生徒たちに投げかける質問としては、例えばこのようになります。

「あなたの学校は、色で例えると何色ですか？」

この問いに答えるためには、まず、自分が通う学校を、全体として捉える必要があります。学校を俯瞰し、全体の特徴を思い描いたり、個性的な特徴に焦点を当てたりします。そして漠然と認識していた学校という存在を、特定のイメージに、頭の中で集約させていきます。その集約したイメージを、色で例えるのです。

色にはそれぞれ、人に抱かせる印象があります。赤は情熱的・活動的、青は冷静・清潔感、黄は楽しい・ユーモア、紫は気高い・神秘など。自分が学校に対して抱いたイメージと、色に対して抱く印象とを照らし合わせてみる。そして、色を1つ選んでみる。選ぶことができたら、その色の名前を紙に書きます。

学校をテーマにする場合、色に続けて、次の質問もよく行います。

「学校を、擬態語か擬音語で表現してください」

擬態語とは、ふわふわ・ギラギラのように、モノの状態や様子を表現した言葉です。擬音語とは、キャーキャー・パチパチのように、音を表した言葉です。

生徒たちは再度学校のことを思い浮かべ、今度は、状態や音で特徴を考えます。考える時間は、色と擬態語・擬音語、それぞれ2分間です。

最後は、書いたことを共有する時間を持ちます。

まずはそれぞれの生徒に、選んだ色とその理由を聞いていきます。色についての発表が終わったら、次に、擬態語・擬音語で表した言葉とその理由を聞いていきます。（この時、第3章でご紹介した「傾聴の技術」を使い、真意を引き出していきます）

多様な視点で語られる、学校のイメージ。共感や驚きの声が、生徒からよく起こります。

これが「別のもので例えてみる」というワークです。

このワークを、学校の先生同士で行うと、面白いと思います。きっと多くの気づきと驚きがあることでしょう。

学校以外でよくテーマにするのは、部活、地域、身近な商品、人（自分）などです。

色や擬態語・擬音語ではなく、図形、動物、果物（野菜）などで表現をしてもらうこともあります。

「あなたの部活を、果物で表現してみてください」

「あなたが住む地域を、動物で表すと、どんな動物になりますか」

具体的には、このような質問になります。

「自分を図形で表現すると、どんな形になるでしょう。その形を描いてみてください」

そんな質問をすることもあります。

自分という存在を全体として捉え、何かの特徴に焦点を当て、それを図形として表現してみる。考えた後は一人ひとり、その理由も含めて紹介し合ってみる。自分の特徴や個性に気づき、他者との違いを自覚する、とても楽しい時間になります。

自分を図形で表現し、色でも例えてみる。その後、『自分だけのロゴマークをつくろう』という内容に、ワークを発展させることもあります。

博報堂の仕事でも、ロゴマークのデザインをする時などに、このような発想法を使います。企業やブランドを全体として俯瞰し、その特徴を表現してみる。色や形、擬態語などで表すと、どのようになるのか。デザイナーだけでなく、その企業の経営者や社員などからも意見をうかがい、イメージを探し、デザインとして具体化していきます。

なんでなんでインタビュー

楽しさ★★
学び度★★★
簡易さ★★

この「なんでなんでインタビュー」は、話し合いによって思考を深めたい時に行う体験ワークです。「なんで？」と質問を繰り返すことで、物事の奥にある本質を解き明かすことができます。

このワークは主に、アイデア会議の中の問いの1つとして使用します。

事例として、『中高生がワクワクを感じるイベントのアイデア』での進め方をご紹介します。（全体像は、第6章をご覧ください）

このアイデア会議で大切なのは、広くそして深く、〝楽しさ〟のキーワードを出すことです。

まずは個人作業や話し合いを通して、自分たちがどんなことに楽しさを感じるのか、幅広く意見を出していきます。

広げた後は、深めます。「なんでなんでインタビュー」によって思考を深め、楽しさの本質を探ります。

進め方を生徒に伝える際は、「実演」と「注意事項の説明」の２つを行います。

◎実演

私「これから、なんでなんでインタビューを行います。〝なんで〟と質問を繰り返すことで、物事の本質を探す取り組みです。どんなことをするのか、S君に見本を示していただきます。S君。あなたはさっき、何をしている時が楽しいと書きましたか」
S君「野球って書きました」
私「野球、いいですね。野球は、見ている時とプレイをしている時、どちらが楽しいですか」
S君「プレイしている時です」
私「了解です。さて、S君。あなたは、なんで野球をしている時、楽しいって思うんだろう」
S君「えーと、勝ち負けがあるからです」

私　「なるほど。勝ち負けがあると楽しい。皆さん、発見ですね。勝ち負けがあるということは、楽しさにつながるようです。大切なキーワードだと思います。まだ終わりではないですよ。さらに〝なんで？〟を続けます。S君、あなたは、なんで勝ち負けがあると楽しいと思うんだろう」

S君「うーん、勝つと優越感にひたれるし、負けるとがんばろうって思うからです」

私　「いいですね。さらにキーワードが見つかりました。優越感が得られることは楽しさにつながる。さらに、がんばろうって思わせてくれることにも、楽しさがある。〝なんで？〟をさらに続けます。なんで、優越感が得られると、楽しさを感じるんだろう」

S君「それは、自分に自信が持てるからです」

私　「素晴らしい。自分に自信が持てると思うことは、楽しさにつながる。そして、野球にはそれがある、ということだね」

S君「はい、そうです」

このようなやり取りを通し、S君が楽しさを感じる、本質的なキーワードを見つけることができました。

「勝ち負けがある」「優越感が得られる」「がんばろうと思うきっかけになる」「自分に自信が持てる」。これらをイベントのアイデアに取り入れることで、皆が楽しさを感じやすいアイデアへと進化するのです。

実演の後は、進め方の注意事項を説明します。

◎注意事項の説明

「なんでなんでインタビュー」は、役割を変えながら、順番に行います。質問をされる人は1人です。質問をする役割の人も1人決め、順番に変えていきます。質問時の注意事項は、次の4つです。

・「なんで?」は3回繰り返す

私が行ったように、質問者は3回くらい、「なんで?」を繰り返します。そうすると、「あ、そういうことか」と、その人の楽しさの本質のようなものが見えてきます。それが見つかったら、質問される人と質問する人は交代です。

・何に対しての「なんで?」かをはっきりと

「なんで?」と質問をする時に、何に対して答えればよいのか、答える対象を、具体的にわかりやすく示します。

先ほどS君から、「勝つと優越感にひたれるし、負けるとがんばろうと思う」という返事がありました。

その後私は、「優越感」という言葉に焦点を当て、S君に質問をしました。答える対象を、具体的にわかりやすくしたわけです。

・イメージできない時は質問する

具体的なイメージが持ちにくい言葉が返ってきたら、質問や確認をします。

S君からは、最初に「野球」という答えがありました。具体的なイメージが持ちにくかったので、私は、「見ている時とプレイをしている時、どちらが楽しいですか」と確認しました。

・自分の解釈は交えない

質問する人は、相手の思いを丁寧に引き出すことを心がけます。自分の価値観や解釈は交えません。質問をしながら、相手を理解することに集中します。

注意事項は以上です。

このような、実演と注意事項の説明の後に、「なんでなんでインタビュー」を行います。

1つのチームの人数が3人～4人となる場合、実施する時間は10分間が目安です。1周目が終わったら、2周目に進みます。うまく進めることができず、悩んでいるチームがあれば、先生が質問者を担い、見本を示します。

〝楽しい〟をテーマにインタビューを行うと、その生徒の楽しさの本質を引き出すことができます。それは生徒が、自分の個性に気づくきっかけとなるものです。

「なんでなんでインタビュー」は、課題や悩みをテーマにすることもあります。手順は先ほどと同様です。課題に感じていることを個人で書き出し、それをチームで共有し、役割を決めながらインタビューを行います。

博報堂の仕事でも、「なんで？　なんで？」と質問しながら、考えを深めることをよく行います。

質問を繰り返すことで、人の本音を解き明かしたり、課題の原因を探り当てたりする。そして、本音や原因の中にある、「ああ、そういうことか！」に着目をする。その着目したことを、〝発想の起点〟や〝解決の糸口〟としながら、ユニークで効果的なアイデアを生み出していくのです。

課題の構造を整理する

楽しさ★
学び度★★★
簡易さ★

この「課題の構造を整理する」は、課題解決力と論理的思考力を養う体験ワークです。課題を生み出す要因を、原因と結果の関係から、図として整理する取り組みになります。

私の授業では、主に、課題解決をテーマにしたアイデア会議の前半で行います。

今回は、『学校の授業を楽しくするアイデア』というアイデア会議を例に、進め方をご紹介します。（全体像は、第6章をご覧ください）

最初は各自が、「学校の授業が楽しくない理由（不満・変えたい点）」を書き出します。その際、たくさん書くこと、解決のアイデアではなく課題に集中すること。この2つを注意点として生徒たちに伝えます。

次に話し合いを通して、これらの課題を、原因と結果の関係から、図として整理していきます。図を書くために使用する紙は、Ａ３サイズなど、大きいコピー用紙がお勧めです。

話し合いを始める前に、まずは紙の使い方の説明をします。伝えることは３点です。

・紙の向きは、縦でも横でも良い。

・紙の上部に、「学校の授業が楽しくない」と書き、丸で囲む。

・紙の一番上に「結果」と書く。そして一番下に「原因」と書く。

まずこの作業を行ってもらいます。図を示すと生徒たちが理解しやすくなります。（p.195の図１参照）

続いて、課題の構造を整理するコツを伝えます。話し合いの前に伝えることは、４点あります。

（１）２つの言葉を「から（だから）」でつなげ、言ってみる。

例えば個人作業の際、「先生がずっと一方的にしゃべっている」と書いた生徒がいるとします。これと「授業が楽しくない」を、「から」という言葉でつなぎます。口に出してみると、イメージが持ちやすくなります。

「先生がずっと一方的にしゃべっている、から、授業が楽しくない」

なるほど、状況が理解できます。このような2つの言葉は、因果関係が成り立っています。

「から」の前の言葉は原因となり、「から」の後の言葉は結果となります。

（2）原因と結果の関係が成り立ったら、言葉をA3サイズの紙に書き、線でつなぐ。

原因の言葉は、結果の言葉の下に書きます。上が結果で、下が原因です。新たな言葉を紙に書いたら、丸で囲み、2つの言葉を線でつなぎます。

言葉同士の関連を探り、紙の下方向（原因）に向かって、言葉を書き加えていきます。（p.195の図2参照）

図1

結果
学校の授業が
楽しくない
※紙の向きは縦でも横でもOK
原因

図2

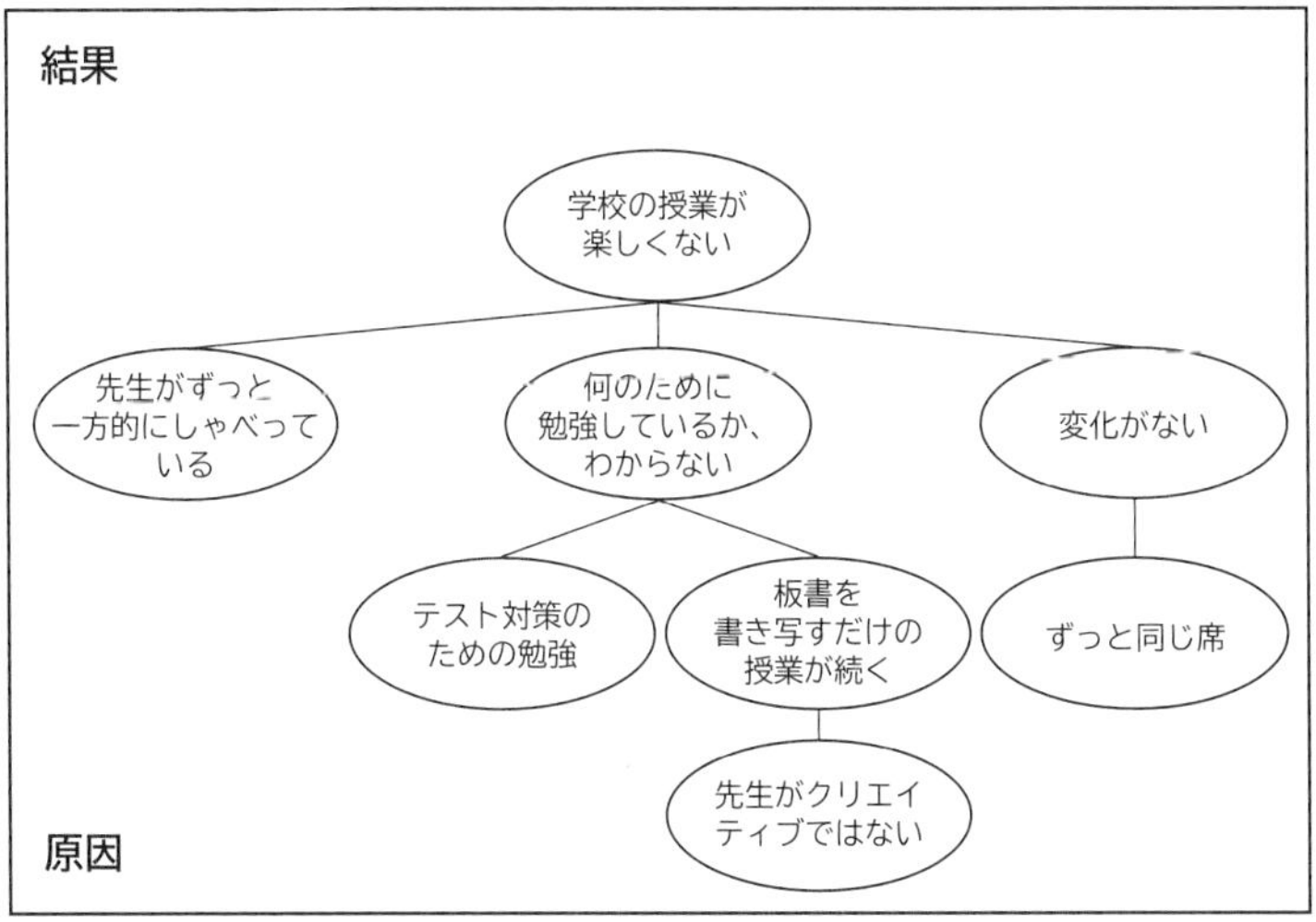
結果
学校の授業が
楽しくない
先生がずっと
一方的にしゃべって
いる
何のために
勉強しているか、
わからない
変化がない
テスト対策の
ための勉強
板書を
書き写すだけの
授業が続く
ずっと同じ席
先生がクリエイ
ティブではない
原因

（3）言葉がうまくつながらない3つの理由とその対処法。

2つの言葉を「から」でつないでも、うまくいかないことがあります。主な理由は3つです。

①原因と結果が逆

よく「眠くなる」と書く生徒がいます。「眠くなる、から、授業が楽しくない」どうもピンときません。そんな時は順番を逆にしてみます。「授業が楽しくない、から、眠くなる」これなら意味がわかります。「眠くなる」は原因ではなく、結果だったのです。

②間に入る言葉がある

「授業のスピードが速い」との意見もよく出ます。「授業のスピードが速い、から、授業が楽しくない」わかる気もしますが、すっきりしません。そんな時は、間に入る言葉を探します。例えば「ついていけなくなる」という言葉を入れてみます。

「授業のスピードが速い、から、ついていけなくなる」「ついていけなくなる、から、授業が楽しくない」

間に言葉を入れたことで、どんな状況なのかがイメージできるようになりました。すっきりとつながらない場合は、間に入る言葉がないかを考えます。

③実は直接的な関係がない（かもしれない）

「部活が忙しい」と書いた生徒がいます。「部活が忙しい、から、授業が楽しくない」クリアなイメージがあまり持てません。言葉を逆にしてもダメですし、間に入る言葉を考えても、良いものが思いつきません。

そんな時は、無理に線でつなぐことをせず、結論を保留します。わかりやすいことから作業を進めていきます。

④正確な図にこだわりすぎない。

課題の構造図を正確に緻密に作ろうとすると、長い時間が必要になります。そのため、「書いたことがどのような関連になっているのかを、大まかに整理する」このくらいの感覚で作業を進めるよう、生徒たちに話します。

この４点を伝え、課題の構造図づくりがスタートします。

まずは、各自が書いたことを紹介し合い、その後、わかりやすいものから関連を確認し、図として整理を行っていきます。

つなぐ線が変わることがありますので、図を書く時は、鉛筆と消しゴムを使用します。

作業時間は、15分間を目安にしています。（時間が許すなら、もう少し長くてもよいかもしれません）

「学校の授業が楽しくない理由」をテーマにすると、話し合いはいつも白熱します。その話を聞いていると、生徒の意見に、つい言い訳や反論をしたくなります。しかしそこはぐっとこらえ、すべてを生徒にゆだねます。

作業を始めて10分くらい経過した時、アドバイスを1つ送ります。

「重要だなと思う課題や疑問に思うことがあったら、〝なんで？〟と質問をし合ってみよう。その理由を想像してみよう。推測をし、思いついたことを紙に書いておこう」

このアドバイスに沿った作業を行うことによって、図はさらに充実度を増していきます。

例えば、あるチームは「授業中に集中力が切れる」という課題に注目しました。そして、「なんで？」と質問し合うことで、「先生の話し方が単調だから」「授業の進め方にメリハリがないから」「ずっと座りっぱなしで、お尻が痛くなるから」「1つの授業時間が長いから」「お腹がすくから」などの意見に広がりました。

時間がきたら、作業を中断させます。

「学校の授業が楽しくない」をテーマに、その要因を考え、図として整理してきました。

次は収束の時間です。解決のために、焦点を当てるべき課題を、チームごとに2つ選んでもらいます。選ぶ際の留意点は、次の2点です。

・課題が具体的であること（できるだけ、紙の下部にある「原因の言葉」から選ぶ）

・解決可能な課題であること（法律の変更が必要なものなどは不可）

私の授業では、よく赤ペンで丸をしてもらいます。選ぶための話し合いの時間は、3分間を目安にしています。

このワークを単独で行う場合は、最後に、赤丸をつけた2つを、チームごとに発表してもらいます。

アイデア会議の中で行う場合には、この後、赤丸をつけた課題の、解決アイデアを考えていきます。アイデアを考える際は、次でご紹介する「かけ算で発想する」のワークを行います。

かけ算で発想する

楽しさ★★
学び度★★
簡易さ★

この「かけ算で発想する」は、アイデアを生み出す際に必要となる、妄想力と連想力を養う体験ワークです。異なる情報を頭の中でかけ合わせ、世の中になかった新しいアイデアを生み出していきます。博報堂の社員がよく使う発想法でもあります。

私が行う授業では、アイデア会議の主要ワークとしてよく実施をしています。

まずは、先ほどご紹介した『学校の授業を楽しくするアイデア』の中での進め方をご紹介します。

ここまでの時間で、授業が楽しくない要因を整理し、焦点を当てたい課題を絞りました。その解決アイデアを、かけ算の手法を使いながら考えていきます。

アイデアを考える前に、かけ算とはどういうことか、何とかけ合わせればよいのか、そのヒントを私から生徒たちに伝えます。『学校の授業を楽しくするアイデア』では、以下の３つを事例とともに紹介します。

（１）〝異なるテーマの良い事例・成功事例〟とのかけ算

これは、解決したい課題と近い状況の解決事例を思い浮かべ、その手法や要素を流用してみるというやり方です。

事例をご紹介します。神奈川県の有名進学校の生徒が焦点を当てた課題は、「先生が現状維持志向である」というものでした。「授業を楽しくする努力、わかりやすくする努力を先生が全く行っていない」との指摘です。

彼らが、かけ算をしたのは「コンテスト」でした。

人が努力をして、質を高めようと思う状況には、どのようなものがあるのか。それを次々と思い浮かべ、頭の中で授業とかけ合わせ、「コンテスト」という答えにたどり着きました。

生み出したアイデアは、「先生対生徒の授業コンテスト」です。

先生が授業を行った後、生徒の代表が教壇に立ち、同じ授業を行います。楽しく、わかりや

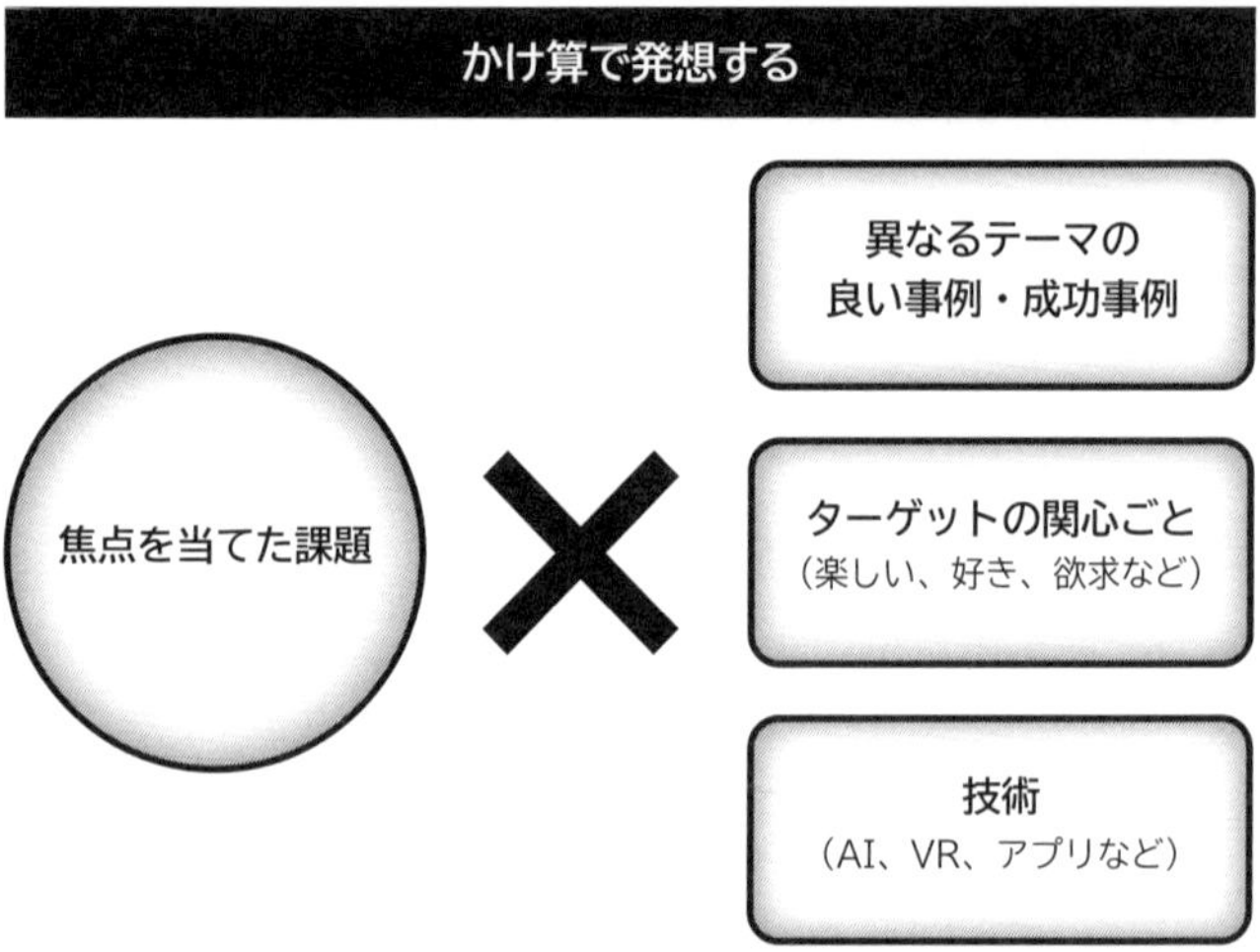

すく、生徒の興味を引く工夫をしながら、授業を行います。

その後、授業を受けた生徒たちが、先生の授業と生徒の授業、それぞれに点数をつけ評価します。このようなことを年に数回行えば、先生は現状維持志向から脱するのではないか。そんなアイデアです。

福井県の高校生は、「殺伐とした教室の風景」に焦点を当てました。かけ算をしたのは「おしゃれなカフェ」です。学生や社会人が、よくカフェで勉強や仕事をしていることに着目しました。

例えば文化祭の時などに、教室をカフェ風におしゃれに装飾をしてみる。リラックスできる音楽も流します。その中で、模擬授業を行い、新しい授業のあり方を学校に提案してはどうかとのアイデアでした。

（２）〝ターゲットの関心ごと〟とのかけ算

ターゲットが楽しいと思うこと、好きなこと、欲求などをかけ算のヒントとします。ターゲットの気持ちを高めたり、関心を喚起させたりする時に行う、かけ算のやり方です。

群馬県の女子高校生が焦点を当てた課題は、「変化がない」でした。教室の中の景色はずっと同じで、変化のない日常が続く。それを時々変えたいとのことでした。

かけ算をしたのは、自分たちが関心のある「アニメや漫画」でした。そこから妄想を広げ、「コスプレＤＡＹ」というアイデアを生み出しました。ハロウィンやクリスマスなど、年に数回でよいので、自由な服装を楽しみながら、授業を受ける。そんな日を作ってはどうかとの提案でした。

（3）〝技術〟とのかけ算

例えば、ＶＲやＡＲ、ＡＩやスマホアプリなどの技術を活用することで、解決策を発想するやり方です。

全国の多くの中高生が、「わからないことがあるのに、授業がどんどん進んでしまう」という課題に焦点を当てます。そして「わからなくなったボタンをつくる」というアイデアを考えます。

例えば、学校から貸与されるタブレット端末に（または個人で保有しているスマホに）、ボタン機能を追加します。授業がわからなくなったら、生徒はそのボタンを押します。情報は集約され、先生はリアルタイムで（または授業の後で）、生徒がわからなくなった箇所の確認ができます。

そうすることで、授業を丁寧に行うべきところやプリント等で補足すべき箇所を、先生が理解できるのではないかとのアイデアです。

これらの事例を紹介しながら、生徒たちに、かけ算の行い方を説明します。アイデアに刺激を受け、生徒たちの中に妄想がどんどん広がり、新しい発想が生まれます。そして、自分たちの課題をどうしたら解決できるのか、真剣な議論が始まります。

ちなみに、『学校の授業を楽しくするアイデア』のアイデア会議で発表を行う場合には、次の3点が発表のポイントになります。①焦点を当てた課題、②解決のアイデア、③アイデア実現のため必要なこと（最初の一歩）。

この「かけ算で発想する」は、『学校の授業を楽しくするアイデア』だけでなく、多様なテーマのアイデア会議で使用しています。

例えば、第6章でカリキュラムをご紹介している『中高生がワクワクを感じるイベントのアイデア』では、〝自分たちが楽しいと感じるもの同士〟をかけ算します。「野球やサッカー」「有名人と会うこと」「VR体験」というキーワードをかけ合わせることで、「プロスポーツ選手との対戦感覚が味わえるVRイベント」というアイデアが生まれます。

また、『地域の魅力をPRする』をテーマにしたアイデア会議では、〝地域の魅力〟と〝伝えたい相手の関心ごと〞の接点を見つけるような、かけ算を行います。

例えば、「都市部に住む家族を、観光客として呼び込みたい」が、PRの目的だとします。まずは、地域の魅力をたくさん書き出します。その後、都市部に住む家族が観光に求めるものを、想像力を働かせながら考えます。そしてその2つの接点を探しながら、アイデアを考えるのです。

マチの中からヒントを探す

楽しさ★★
学び度★★
簡易さ★★

この「マチの中からヒントを探す」は、自分たちが暮らす街（町）や日常の中に、課題や解決のヒントを見つけてみるという体験ワークです。

「企業訪問-CAMP」で来社する学校の先生から、「体験型の事前課題を出してほしい」とのリクエストをいただく時があります。そんな時に提示する課題になります。

課題には、「問題点を探す」と「解決のヒントを探す」の2つがあります。

◎問題点を探す。

マチや生活の中に潜む〝問題点〟を、自分の感性を生かしながら探します。

（例1）あなたが、「もったいない」と感じることを、マチの中や生活の中から探してください。それを5つ紙に書き出し、博報堂に来社する当日、持参してください。

（例2）あなたが生活の中で「不便だな」と思うことを、5つ紙に書き出し、持参してください。

生徒たちは、「何か〝もったいない〟はないだろうか」「〝不便さ〟を感じるものはないだろうか」とアンテナを立てながら、生活をすることになります。そしていろんなところに隠れた、〝もったいない〟や〝不便さ〟の存在に気づきます。

もったいないの事例として、「電車の待ち時間」「無駄に消費される電気」「一瞬で消えてしまう素晴らしい夕焼け」「使われていない自分の隠れた才能」などの意見がありました。

博報堂に来社後は、これらの〝もったいない〟や〝不便さ〟をチームで共有します。そして、課題を生み出す原因を探り、解決のためのアイデアを考えます。

◎解決のヒントを探す。

特定のお題を提示し、その〝解決のヒント〟になりそうな情報を、マチや生活の中から探します。

（例３）ペットボトルキャップの今までにない活用策を考えます。

リサイクルができないペットボトルキャップ。その活用策のヒントを、マチや生活の中から見つけ、３つ以上紙に書き出してください。〝今までにない〟ということがポイントです。斬新でユニークなアイデアを探してください。

（例４）中高生向けの新しい飲料商品のアイデアを考えます。

マチや生活の中から、そのヒントとなる情報を集めてください。集める情報は２つです。

①飲料に着目し、人気商品や注目商品のキーワード（魅力を表す言葉）を書き出します。

②中高生に人気の食べ物に着目し、その人気のポイントを考え、書き出します。

数はそれぞれ５つ以上です。これらを紙に書き、当日持参してください。

ペンやスマホなど、記録のための道具を携帯し、問題意識を持ちながら、マチを歩くことになる中高生たち。博報堂に来社後は、チームで情報を共有します。そして、先ほどご紹介した

〝かけ算〟の手法を使いながら、今まで世の中になかったアイデアを生み出していきます。

博報堂の仕事は、仕事と仕事以外の境界があいまいです。アイデアを考えるヒントは、日常のあらゆるところに存在しているからです。テレビ番組、電車の中の会話、繁盛店のサービスなど。何気なく目にしたものや体験したことが、新しいアイデアのヒントになります。問題意識を抱き、アンテナを立てながら、マチを歩き、生活をしてみる。何気ない出来事の中に、大切な法則の一端や解決の糸口を見つけることができるかもしれません。そんな体験を重ねることで、課題解決力やひらめきを生み出す感度が養われていくのです。

第６章

総合学習の時間のカリキュラム例

「企業訪問–ＣＡＭＰ」で行っているアイデア会議の具体的な進行例をご紹介します。

「総合学習の時間のカリキュラム例」のご紹介の前に、進行上の留意点を記載いたします。

◎**全体の進行について**

・アイデア会議は、3部構成の場づくりを心がけます。（導入の時間、実践の時間、振り返りの時間の3つです）

・第2章で述べた通り、導入の時間のつくり方によって、話し合いの雰囲気が大きく変わってきます。

・実践の時間は、「レクチャー」「個人作業」「話し合い」「全体共有」で構成されています。

・「個人での振り返り」は宿題にせず、アイデア会議の時間内に行うことが大切です。（宿題にすると、気づきの記憶がぼやけてしまいます）

◎**時間について**

・アイデア会議で一番難しいのは時間配分です。話し合いや発表は、想定した時間より長くなりがちです。余裕をもった時間設計をお勧めします。

・全体の所要時間は、発表時間（発表するチームの数）によって大きく変わります。

◎備品について

・メモ用の紙として、Ａ４のコピー用紙を使用します。紙は多めにご用意ください。
・コピー用紙の代わりに、Ａ４サイズのノートを使用してもよいかもしれません。
・絵を描く場合は、チームごとにカラーマーカーセットがあるとよいと思います。

◎事前課題について

・事前課題を出しておくと、個人作業や話し合いがスムーズに進行します。

◎その他

・H-CAMPのWEBサイト内にある「OPEN-CAMP」ページの「これまでの開催講座」には、多様なワークショッププログラムのタイトルや概要が紹介されています。カリキュラムづくりの参考にしていただければ幸いです。

狙い・効果：考える楽しさ、話し合う楽しさを実感する。楽しさの本質を考える。
所要時間：80分～100分間（発表するチーム数によって変わります）
使用備品：A4コピー用紙（消しゴム禁止）
事前課題：自分が楽しいと思うことを3つ以上紙に書き出しておく。（なくてもOK）

---

❽ 個人作業：かけ算をしながら、まずは個人でアイデアを考える 5分間

・楽しいことや欲求同士をかけ合わせながら、思いっきり妄想を広げる。

▶▶▶P.200「かけ算で発想する」

❾ 話し合い：チーム内で共有し、アイデアを膨らませせる 10分間

❿ レクチャー：アイデアの絞り方を説明する 1分間

▶▶▶P.160「話し合いを収束させるコツ」

⓫ 話し合い：チームごとにアイデアを絞る 10分間

⓬ レクチャー：発表のポイントを伝える 1分間

・発表の時間は、1チーム1分間。
・発表することは、①イベントのタイトル（テーマ）、②どんな中高生向けか（ターゲット）、③一番のウリと他の具体的なアイデア、の3つ。

⓭ 話し合い：発表に向けてまとめる話し合い 5分間

⓮ 全体共有：チームごとに発表 10～20分間

・最初の数チームは、発表のガイドをしながら、まとめるサポートを行う。

▶▶▶P.160「話し合いを収束させるコツ」

⓯ 個人での振り返り（振り返りの時間） 3分間

・今回の体験を通して気づいたことを、各自が紙に書き出す。

▶▶▶P.38「3部構成の場づくりを行う」

⓰ 気づきの共有 5分間

・チーム内で共有、または数名が全体発表。

中高生がワクワクを感じるイベントのアイデア

手 順

❶ お題を提示 [1分間]

お 題 『中学生（高校生）がワクワクを感じるイベントのアイデア』

・お題提示後に、イベントのイメージ画像を見せる。（音楽フェス、VR体験、ギネス挑戦など）

❷ チームになり、挨拶（アイスブレイク） [1分間]

▶▶▶P.38「3部構成の場づくりを行う」

❸ 目指すゴールと考え方の基本を伝える [3分間]

ゴール 最後に各チームからイベントのアイデアを発表。

考え方の基本

・「たくさん考え、絞る」

▶▶▶P.125「"たくさん考え、絞る"を伝える」

・「常識をぶっこわそう！　斬新で新しいアイデアを求めています」

・「アイデアのヒントは自分の体験と欲求にある」

❹ 個人作業：「自分が楽しいと感じること、自分の欲求」を紙に書く [5分間]

・目標は10個（事前課題を出している場合は、追記）

❺ レクチャー：話し合いのルールを伝える [2分間]

▶▶▶P.132「"話し合いのルール"を伝える」

❻ 話し合い：チームの中で書いたことを紹介する [10分間]

・「少し説明しながら紹介しよう。質問をしてみよう」と伝える。

❼ 話し合い：なんでなんでインタビュー [10分間]

▶▶▶P.186「なんでなんでインタビュー」

狙い・効果：課題を自分ごと化して考える。解決のアイデアを生み出す。
所要時間：100 分間（発表するチーム数によって変わります）
使用備品：A4 コピー用紙、A3 コピー用紙、赤ペン
事前課題：学校の授業の課題を 5 つ以上書き出しておく。（なくても OK）

❾ **話し合い：焦点を当てる課題を選ぶ話し合い** 3 分間

❿ **レクチャー：解決のアイデアを考えるコツ②（かけ算をしながらアイデアを発想する）** 3 分間
・かけ算の事例をいくつか紹介する。
▶▶▶ P.200「かけ算で発想する」

⓫ **話し合い：かけ算をしながら、解決のためのアイデアを考える** 10 ～ 15 分間
・常識を壊すくらいの感覚を大切に。自由に妄想する。

⓬ **レクチャー：発表に向け、アイデアを絞るよう指示をする** 1 分間
▶▶▶ P.160「話し合いを収束させるコツ」

⓭ **話し合い：チームごとにアイデアを絞る** 5 分間

⓮ **レクチャー：発表のポイントを伝える** 1 分間
・発表の時間は、1 チーム 1 分間。
・発表することは、①焦点を当てた課題、②解決のアイデア、③実現のために必要なこと（最初の一歩）、の 3 つ。

⓯ **話し合い：発表に向けてまとめる話し合い** 5 分間

⓰ **全体共有：チームごとに発表** 10 ～ 20 分間
・最初の数チームは、発表のガイドをしながら、まとめるサポートを行う。

⓱ **個人での振り返り（振り返りの時間）** 3 分間
・今回の体験を通して気づいたことを、各自が紙に書き出す。
▶▶▶ P.38「3 部構成の場づくりを行う」

⓲ **気づきの共有** 5 分間
・チーム内で共有、または数名が全体発表。

学校の授業を楽しくするアイデア

手 順

❶ お題を提示 [1 分間]

お 題 『学校の授業を楽しくするアイデア』

❷ チームになり、挨拶（アイスブレイク） [1 分間]

❸ 目指すゴールと考え方の基本を伝える [3 分間]

ゴール 最後に、各チームからアイデアを 1 つ発表。

考え方の基本

・「たくさん考え、絞る」
・「正解なんてない。いろんな考え方があっていい」
・「アイデアのヒントは自分の体験と欲求にある」

❹ 個人作業：「授業が楽しくない要因（不満・変えたいこと）」を書き出す [5 分間]

・アイデアではなく、まずは課題に集中。たくさん書き出す。

❺ レクチャー：話し合いのルールを伝える（脱線 OK 含む） [2 分間]

▶▶▶ P.132「“話し合いのルール” を伝える」＋ P.142「“脱線 OK ！” を伝える」

❻ レクチャー：課題の構造を整理するための進め方を伝える [5 分間]

・A3 コピー用紙を使用。まずは紙の使い方を説明する。
・続いて、課題の構造を整理するコツを伝える。

▶▶▶ P.192「課題の構造を整理する」

❼ 話し合い：チームごとに話し合い、課題の構造を整理する [10 ～ 15 分間]

❽ レクチャー：解決のアイデアを考えるコツ①（課題の焦点を絞る） [2 分間]

・焦点を当てる課題を 2 つ選ぶ。選んだら、赤ペンで囲む。

▶▶▶ P.192「課題の構造を整理する」

狙い・効果：自分たちが住む地域の多様な魅力を知る。情報発信のポイントを理解する。
所要時間：80分間程度（発表するチーム数によって変わります）
使用備品：A4コピー用紙、カラーマーカー
事前課題：自分たちが住む地域の魅力を、5個程度書き出しておく。（なくてもOK）

---

❼ 話し合い：具体的に考える・独自の魅力を見つける [5分間]
・良さや魅力を具体化するための話し合いを行う。（“景色がきれい”とは、具体的にどの景色なのかを明らかにする）
・他の地域にない、独自の魅力や特徴がないかを確認する（探す）。

❽ 話し合い：伝える相手（ターゲット）の関心ごとを考える [5分間]
・伝えたい相手の関心ごとや欲求を、想像力を働かせながら話し合ってみる。

❾ レクチャー：「地域の魅力」と「伝えたい相手の関心ごと」の接点を見つける [2分間]
・伝えたい相手に、地域のどんな魅力や良さを伝えればよいかを考える。相手にとってのメリットも考える。
・大切なのは焦点を絞ること。一番伝えたいことを1つに絞る。

❿ 話し合い：伝えたいことを1つに絞る [5分間]

⓫ レクチャー：絵とキャッチコピーで伝えたいことを表現する [2分間]
・紙は、縦でも横でもよい。
・絵は簡単なものでOK。きれいさよりも、何を伝えたいかが大切。
・キャッチコピーは、一番伝えたいことを「一言」で表現する。

⓬ 話し合い：絵とキャッチコピーを考え、制作する [10分間]

⓭ 全体共有：チームごとに発表 [10～15分間]
・発表の時間は、1チーム30秒程度。

⓮ 個人での振り返り（振り返りの時間） [3分間]
・今回の体験を通して気づいたことを、各自が紙に書き出す。
▶▶▶P.38「3部構成の場づくりを行う」

⓯ 気づきの共有 [5分間]
・チーム内で共有、または数名が全体発表。

地域の魅力をPRする（簡易版）

手 順

❶ お題を提示　[1 分間]

お 題　『地域の魅力を PR する』

・お題提示後に、参考として観光ポスターの画像などを数点見せる。

❷ チームになり、挨拶（アイスブレイク）　[1 分間]

▶▶▶ P.38「3 部構成の場づくりを行う」

❸ 目指すゴールと考え方の基本を伝える　[3 分間]

ゴール　地域の魅力を伝えるポスターを作成。絵とキャッチコピーで表現。

・伝える相手を事前に設定（大都市に住む家族や近隣県の中高生など）

考え方の基本

・大切なのは、「地域の魅力」と「伝えたい相手の関心ごと」の接点を見つけること。

・「たくさん考え、絞る」

▶▶▶ P.125「“たくさん考え、絞る”を伝える」

・「正解はない。自分の体験と感性を大切に」

❹ 個人作業：「自分が思う地域の良さや魅力」を紙にたくさん書き出す　[5 分間]

・観光ガイドブックに書いてあるものよりも、自分の体験や思い出が大切。

・場所や施設、季節の行事、人、お店など、地域にはいろんな魅力がある。

・たくさん書く。“質より量”にこだわる。

❺ レクチャー：話し合いのルールを伝える（脱線 OK 含む）　[2 分間]

▶▶▶ P.132「“話し合いのルール”を伝える」＋ P.142「“脱線 OK！”を伝える」

❻ 話し合い：チームの中で書いたことを紹介する　[10 分間]

・「少し説明しながら紹介しよう。質問をしてみよう」と伝える。

狙い・効果：自分たちが住む地域の多様な魅力を知る。情報発信のポイントを理理解する。
所要時間：途中休憩をはさんで 3 時間（180 分間）程度
使用備品：A4 コピー用紙、カラーマーカー
事前課題：自分たちが住む地域の魅力を、5 個程度書き出しておく。（なくても OK）

⑪ レクチャーと話し合い：「WHAT（何を伝えるのか）」を考える 15 分間
・PR の目的を踏まえた上で、伝えたい相手に、地域のどんな魅力を伝えるのかを、チームの中で話し合う。（まずは拡散の話し合い）

⑫ レクチャーと話し合い：「WHAT（何を伝えるのか）」を絞る 10 分間
・伝えることを絞る。テーマや柱を 1 つに決める。
・決まったら、そのテーマを新しい紙に大きく書いておく。
・絞ったテーマに関連する情報も紙に箇条書きで書いておく。

⑬ レクチャーと話し合い：「HOW（伝え方）」を考える 15 ～ 20 分間
・伝えたい情報を、どんな媒体で、どんな手法（表現）で伝えればよいのかを、相手の立場になりながら考える。
・絵が 1 枚あるとイメージが持ちやすくなる。

⑭ 話し合い：発表に向けてまとめる話し合い 10 分間
・発表の時間は、1 チーム 2 分間。
・発表することは、① WHY（PR の目的）、② WHO（伝える相手）、③ WHAT（焦点を当てた地域の魅力／テーマと内容）、④ HOW（伝え方の方法）、の 4 つ。

⑮ 全体共有：チームごとに発表 15 ～ 30 分間

⑯ 個人での振り返り（振り返りの時間） 3 分間
・今回の体験を通して気づいたことを、各自が紙に書き出す。
▶▶▶ P.38「3 部構成の場づくりを行う」

⑰ 気づきの共有 10 分間
・チーム内で共有、または数名が全体発表。（できるだけ丁寧に）

地域の魅力をPRする(本格版)

手順

❶ **お題を提示** 1分間

お題 『地域の魅力をPRする』 1分間

❷ **チームになり、挨拶(アイスブレイク)** 5分間

・チームの名前を決めるなど、丁寧なアイスブレイクを行う。

▶▶▶ P.38「3部構成の場づくりを行う」

❸ **目指すゴールと考え方の基本を伝える** 3分間

ゴール 地域の魅力を効果的に伝えるアイデアを考える。

考え方の基本

・考えることは、WHY(なぜ)、WHO(誰に)、WHAT(何を)、HOW(どのように)の4つです。

・「たくさん考え、絞る」「正解はない。自分の体験と感性を大切に」

❹〜❼ **地域の魅力をPRする(簡易版)と同様。前ページを参照ください。**

❽ **レクチャーと話し合い:「WHY(目的)」を考える** 5分間

・何のために地域のPRを行うのかを、チームごとに考えて決める。観光客を増やす、移住者をつくる、特産品を売る、地元に誇りを持つ、若者の流出を減らす、などが考えられる。1つ決めたら、それを1枚の紙に大きく書く。

❾ **レクチャーと話し合い:「WHO(伝える相手)」を考える①** 5分間

・その目的を達成するためには、どのような人たちに情報を伝えることが必要かを、チームごとに考えて決める。(住んでいる地域・年代などを具体的に)

・これが具体的であればあるほど、切れ味の良い企画になる。

・決まったら、新しい紙に大きく書いておく。

❿ **レクチャーと話し合い:「WHO(伝える相手)」を考える②** 10分間

・情報を伝えたい相手の関心ごとや欲求を具体的に考える。

※チームごとに調査を行ってもよいかもしれない。

狙い・効果：自分の個性を考える。考える楽しさを実感する。
所要時間：80 分間程度（発表する人数によって変わります）
使用備品：A4 コピー用紙、カラーマーカーか色鉛筆など
事前課題：自分が好きなことを 3 つ紙に書いておく。（なくても OK）

❽ 個人作業：それぞれのモチーフを、絵と図で表現する 【5 分間】
・選んだ 2 つ（3 つ）を、それぞれ絵や図で表現する。
・シンプルな表現を意識する。写実的な絵にこだわらない。
・たくさん考え、絞る。いろいろ描いてみて、良いものを選ぶ。

❾ 個人作業：ロゴマークをデザインする 【10 分間】
・絵や図で表現したモチーフを、組み合わせて描き、ロゴマークをデザインする。
・清書の時間は別に設けている。まずは発想を広げ、いろいろなデザインを描いてみるとよい。

❿ 個人作業：ロゴマークの清書 【10 分間】
・カラーマーカーなどを使い、紙に大きく描いてみる。
・マークだけでもいいし、マークと名前を組み合わせてもよい。

⓫ 全体共有：発表 【15 ～ 20 分間】
・発表の時間は、1 人 30 秒。
・焦点を当てた自分の特徴とデザインしたロゴマークを発表する。
・1 人が発表したら、全員で拍手を送る。

⓬ 個人での振り返り（振り返りの時間） 【3 分間】
・今回の体験を通して気づいたことを、各自が紙に書き出す。
▶▶▶ P.38「3 部構成の場づくりを行う」

⓭ 気づきの共有 【5 分間】
・チーム内で共有、または数名が全体発表。

自分だけのロゴマークをつくろう

手 順

❶ お題を提示 [1 分間]

お 題 『自分だけのロゴマークをつくろう』

・ロゴマークの画像を 8 点程度紹介。

❷ チームになり、挨拶（アイスブレイク） [1 分間]

▶▶▶ P.38「3 部構成の場づくりを行う」

❸ 目指すゴールと考え方の基本を伝える [3 分間]

ゴール 自分の個性を表現したロゴマークをデザインし、一人ひとり発表。

考え方の基本

・ロゴマークは“私は○○です”を一目で伝えるもの。何を伝えたいか、どう見せたいかを考えてみる。

・「たくさん考え、絞る」「正解はない。自分の体験と感性を大切に」

❹ 個人作業：「モチーフ」を探す [10 分間]

・モチーフとは、デザインを発想する要素のこと。

・まずは自分の特徴や自分らしさを感じるものを、紙にたくさん書いてみる。（名前、性格、好きなもの、得意なこと、好きな色や場所など）

▶▶▶ P.182「別のもので例えてみる」

・例として、先生の事例も紹介するとよい。

❺ レクチャー：話し合いのルールを伝える（脱線 OK 含む） [2 分間]

▶▶▶ P.132「“話し合いのルール”を伝える」＋ P.142「“脱線 OK ！”を伝える」

❻ 話し合い：チームの中で紹介 [5 ～ 10 分間]

・自分が書いた自分の特徴をチームの中で紹介する。

・相互に感想やアドバイスを言い合う。（他者からどう見られているのかを知る良い機会になる）

❼ 個人作業：モチーフの整理 [5 分間]

・たくさん書いた自分の特徴の中から、特に大切だと思うものを 2 つ（または 3 つ）選ぶ。

狙い・効果：マチの中から情報を集める体験。かけ算で発想することを学ぶ。
所要時間：途中休憩をはさんで３時間（180 分間）程度
使用備品：A4 コピー用紙
事前課題：必須。詳細は、手順⓿を参照

❼ 個人作業と話し合い：キーワードを５つ選び、共有 5 分間

・❺❻の話し合いで出されたキーワードを振り返り、心が動いたキーワードを各自が５つ選ぶ。その後、選んだ５つをチーム内で共有する。

❽ 個人作業：個人で新商品のアイデアを考える 5 分間

・選んだキーワード同士をかけ合わせ、まずは個人で新商品のアイデアを考える。無難にまとめようとせず、「常識をぶっこわす」くらいの感覚で考える。容器の形、容量、中身、味、飲み方などに制約なし。

❾ 話し合い：アイデアを紹介し合い、イメージを膨らませる 15 分間

・個人で考えたアイデアを、チーム内で紹介する。話し合いながら、アイデアをユニークに膨らませたり、合体させたりする。

❿ 話し合い：有力アイデアを絞る 5 ~ 10 分間

・たくさん出たアイデアの中から、有力アイデアを２つ選ぶ。（ターゲットである中高生の心が動くかどうかをイメージしながら）

⓫ レクチャー：アイデアをまとめるポイントを伝える 3 分間

・選んだ２つのアイデアを、コンセプト文と絵でまとめる。
・コンセプト文の要素は、以下の４つ。①どんな中高生向けか、②具体的な特徴やアイデア、③どんな場面や時間に合うか、④その商品が中高生の心を動かす理由。
・パッケージのデザインや容器の形状を絵で表現する。上手な絵にこだわらない。大切なのは、アイデアの意図がわかること。

⓬ 話し合いと作業：コンセプト文を書き、絵を描く 20 ~ 30 分間

⓭ 全体共有：チームごとにアイデアを発表 30 ~ 40 分間

・発表時間は１アイデア１分間。
・発表後は、人気投票などを行ってもよい。

⓮⓯ 個人での振り返り、気づきの共有 10 ~ 15 分間

新商品開発・アイデア会議

手 順

⓿ 実施の1～2週間前に「事前課題」を示す。
※下記は、飲料アイデアを考える際の事前課題
（課題1）飲料の人気商品や注目商品に着目し、その特徴や魅力をキーワードにして書き出す。数は5つ以上。

（課題2）中高生に人気の食べ物に着目し、その人気のポイントを考え、キーワードを書き出す。数は5つ以上。

（課題3）自分の関心ごとを3つ厳選して書き出しておく。

❶ お題を提示　[1分間]
お 題『新商品開発・アイデア会議（飲料編）』
・新商品のターゲットは中高生であることを伝える。

❷ チームになり、挨拶（アイスブレイク）　[5分間]

❸ 目指すゴールと考え方の基本を伝える　[3分間]
ゴール 新しい飲料商品のアイデアを考え、チームごとに1案を発表。
考え方の基本
▶▶▶P.215「中高生がワクワクを感じるイベントのアイデア」と同様

❹ レクチャー：話し合いのルールを伝える（脱線OK含む）　[2分間]

❺ 話し合い：チームの中で、事前課題の1と2を紹介　[20分間]
・順番に、事前課題の1と2を、少し説明しながら紹介。（どんな商品のキーワードなのか、なぜ気になったのか、などを説明）
・アイデアのヒントになりそうなキーワードを、各自がどんどんメモをする。

❻ 話し合い：関心ごとの紹介と“なんでなんでインタビュー”　[10分間]
・事前課題3を紹介。関心の理由を質問し合い、掘り下げる。
▶▶▶P.186「なんでなんでインタビュー」

おわりに

『博報堂流・対話型授業のつくり方』を、最後までお読みいただき、ありがとうございます。学校とは異なる環境で培われた、対話型授業のノウハウ。実態にそぐわないものも、多々あったかと思います。本書のタイトルにあるように、〝博報堂流〟ということで、何卒ご容赦ください。

教科書はなく、正解もない、博報堂で行う対話型の授業。授業で生徒たちと向かい合い、感じることは、〝見られているな〟ということです。目の前に立つ私の、人間性のようなもの、生き様のようなもの。そんなものを生徒たちは、話す言葉や対話のあり方から、じっくりと見定めようとしています。

この視線を受け止める度に、私は思うのです。対話型の授業には、人間力が大切だなと。対話の技術とともに、人間力を磨くことが必要だなと。

人間力を磨くために、私には、心がけていることがあります。それは、「いつもと違う場所に、身を置く」ということです。

狭い世界に閉じこもっていると、人間が小さく堅くなる気がします。井の中の蛙になってしまっては、つまらない。いろんな場所に足を運び、自分の世界を広げようと思うのです。いつもと違う場所に身を置くと、異分野の方たちとの出会いがあります。そんな方々から、生き方の多様さや新しいモノの見方を、学ぶことができます。

また、視野が広がることで、自分の〝とらわれた考え方〟に気づくこともあります。〝とらわれ〟に気づき、それが外れると、心の受容性が高まります。

いろんな場所に身を置くと、時に、予期せぬ出来事や荒波に揉まれる状況にも遭遇します。人間力を磨くためには、これらの経験も必要だと感じます。異なる価値観に揉まれ、意図しない出来事に揉まれる。その体験の中から、本質的な学びや自分の軸のようなものが見つかると思うからです。

著者プロフィールに記したように、私には博報堂社員以外の、たくさんの顔があります。〝山伏〟もその1つです。

山形県・出羽三山の山伏として、年に数度、修行の場に身を投じます。法螺貝を手に、数日から1週間、山に籠る。そして行う、祈りの行。共に修行する山伏たちに揉まれ、自然に揉まれ、厳しい行に揉まれます。修行明けには、日常の小さな悩みや迷いは、すべて吹き飛んでいます。そして心の中には、自分が本当に大切にしたいことだけが残ります。自分の原点に戻ることができる瞬間です。

教育改革によって、学校や授業には、様々な変化が求められています。その変化によって、悩みや迷いが生まれることと思います。そんな時こそ、心の受容性を高めたり、自分の軸を確認したりすることが、大切だと思います。

視野を広げ、自分の欲や思い込みに気づくこと。教育者としての原点を振り返ること。いつもと違う場所に身を置きながら、そんな時間をつくってみる。その時間が、きっと、あなたの人間力を磨きます。

この本は、多くの皆さまの支えによって生まれました。

「企業訪問-CAMP」に関心を持っていただきました学校の先生。博報堂で対話型授業が行えるのは、先生から訪問のお申込みをいただき、来社に関する各種ご調整を行っていただけるからです。最近は日程が合わず、お断りすることが増えてしまっています。申し訳ありません。

私の授業に参加した生徒の皆さん。この本で紹介した多くのノウハウや事例は、皆さんと過ごした時間の中から生まれたものです。訪問後に届くお手紙と記されている気づきの言葉、それが私の励みになっています。

これまでアシスタントを務めていただいた、河副泉さん、山薗玲さん、織田優子さん、澤田洋子さん、二子真希子さん。「企業訪問-CAMP」の運営は、皆さまによって支えられてきました。

東洋館出版社の畑中潤さん、山本暁子さん。これまで培ってきたノウハウを、本としてまとめることができたのは、お2人のおかげです。

妻の京子と息子の悠碁くん。原稿に向かう私を、いつも気遣い、応援の言葉をかけてくれました。

この場をお借りして、御礼の言葉を申し上げたいと思います。本当にありがとうございました。

それぞれが、自分の個性を育みながら、目指したい所にたどり着く。そんな社会になるといいなと思っています。私もそのような生き方をしたいと思いますし、その一助となる役割を、今後も担っていきたいと思います。

これからもどうぞ、よろしくお願いいたします。

大木浩士

著者プロフィール
大木 浩士（おおき ひろし）
株式会社博報堂　H-CAMP 企画推進リーダー
1968 年生まれ。栃木県出身。千葉大学卒業後、経営コンサルティング会社を経て、2001 年より博報堂勤務。マーケティングや広告制作等の業務を経て、2013 年に中学生・高校生を対象とした教育プログラム「H-CAMP」を立ち上げる。7 年間で 600 回以上の対話型授業を開催。2016 年に経済産業省が主催する「キャリア教育アワード」で、経済産業大臣賞と大賞を受賞。
「やりたいことがあるなら、形にする」が信条。個人の活動として、各種交流型イベントを企画・主催。とちぎ未来大使・交流企画プロデューサー／独立行政法人 中小企業基盤整備機構・人材支援アドバイザー／都市と地域の人をつなぐ 里都プロジェクト・代表／羽黒派古修験道 山伏、などの顔も持つ。

博報堂流
対話型授業のつくり方

2020（令和 2）年 3 月 16 日　初版第 1 刷発行

著　者　大木 浩士

発行者　錦織 圭之介
発行所　株式会社東洋館出版社
〒 113 0021　東京都文京区本駒込 5-16-7
営業部　TEL 03-3823-9206 ／ FAX 03-3823-9208
編集部　TEL 03-3823-9207 ／ FAX 03-3823-9209
振　替　00180-7-96823
U R L　http://www.toyokan.co.jp

装丁　石間 淳
印刷・製本　藤原印刷株式会社

ISBN978-4-491-04036-3

6